十年百城．千卷萬里

城市觀察的創新筆記

溫肇東 著

國立政治大學
創新與創造力研究中心
Center for Creativity and Innovation Studies

遠流出版公司

目錄

行萬里路擴展視野
不斷創新創造價值

施振榮
宏碁集團創辦人、
智榮基金會董事長

人的生存意義在於為社會創造價值，而要創造價值，首先就要具備能力及視野，為此，就需要不斷學習、不斷創新。而最有效的學習方法，除了透過各種閱讀增長知識之外，就是藉由社會百態，多看、多聽、多學，所謂「行萬里路勝讀萬卷書」就是這個道理。

當年我在創業後，為了打入世界各國的市場，我也經常往返世界各個角落，為的就是要多了解各地的文化與風土民情，讓自己接受更多不同的刺激，也讓自己的視野更廣，並在各種情況下學習，這一方面可以對創新有更多的體驗，另一方面也讓自己看得更遠，找到更多創造價值的機會。

視野廣、歷練多，個人的創意來源就多，創新的方法也較多元化，能夠更有效落實，對於創造價值有很實際的幫助。

溫肇東教授過去二十年訪問了二百個城市，並參閱千篇文章之後，將他行萬里路的親身體驗記錄下來寫成這本書，一方面讓無法親身去體驗的人可以藉由本書有所啟發，即使已經去過這些地方，也可藉由書中不同的角度對照，對自己的成長亦有所幫助。

溫教授藉由這種在「遊中學」的學習方式，相信讀者在閱讀的過程中，就會彷如自己也跟著走過這些城市，有著許多不同的體驗，十分值得參考。

本書內容分為三大部分，第一部關心的議題以文化、創新的城市風貌為主，命名為「品味城鄉的人文與創意」；第二部重點在觀光旅遊與體驗經濟，命名為「形塑觀光與體驗的未來」；第三部則回顧較早期科管所海外創新之旅，從「遊中學」這個概念如何被啟動，命名為「那些年從移動教室學到的創新」。

藉由作者行萬里路的親身體驗，帶領讀者進入書中的世界，相信將有助我們進一步提升自我，特別是未來的發展，將會以體驗經濟及創意經濟為方向，如果能本著以人為本的思維，不斷創新，整合人文與科技的元素，相信一定能為台灣未來創造更大的價值。

閱覽一段段「行中學」與「學而行」的精彩旅程

王文傑
雄獅集團董事長

旅行，為了學習；有了學習，於是行動。

我本身於一九七九年因緣際會投身旅遊業，並在一九八五年接手旅行社成為經營者，在接觸國外旅遊業者時，對於其國際化格局與系統性管理心生「有為者亦若是」的自我期許，於是促使我致力於將被視為傳統產業的旅行社改以企業化管理。在二〇〇〇年初，我決定重回管理學院學習進修，將累積二十多年的實務經驗，與嚴謹的管理知識相互對照辯證，找出企業發展面臨困頓時的解決方法，收穫豐盛。因感受到管理學院對高階主管在管理職能提升的助益，我決定每年選定高階主管至台灣大學或政治大學ＥＭＢＡ進修學習，由雄獅公司支付全額學費，多年來對本企業多所助益。

我個人一路拜讀溫教授文章、論述與著作，對於溫教授及政治大學在培養企業管理人才的貢獻深表敬佩。

溫教授長年提倡且推行「遊中學」獨特創新的學習方式，我深有共鳴。看著溫教授從一九九五年政大科技管理研究所成立的第一個暑假，即規劃「歐洲創新之旅」開始，二十年來除了二〇〇三年（SARS）外，年年成行，足跡踏過歐洲超過十次、美國近十次，當然還有中、港、日、韓、星、泰、印度、紐、澳等亞太國家地區，參訪機構涵蓋產、官、學、研、各種園區、育成中心、技轉辦公室等，為的就是找尋「創新」的密碼。

在學界，溫教授「遊中學」已是創新；在企業，「坐而論」後「起而行」，才能創新。

溫教授闡述全球各地觀光業與旅遊業的演變，點出旅遊業「是一個包含交通、住宿、餐飲、觀光景點，多重平台的操作，且要跨國連結」，特別需要因應環境及科技與時俱進。正如溫教授的觀察，雄獅旅遊不斷演進、持續創新，在二〇〇〇～二〇〇九年十年的「網路化期」，迅速地擴張版圖，不僅開啟與消費者的通路，採用「虛實並進」的通路策略，也提供二十四小時服務給消費者。而二〇一〇年起的「行動化期」，面對 Mobile 行動運用崛起，雄獅也開始導入行動商務，並將產品更進一步的分眾化，以不同主題，針對不同的目標客戶，主推客製化的商品，甚至將文創注入旅遊產業，發展精緻旅遊。雄獅創新的腳步未曾停歇，特別是在二〇〇七年後逐漸成形的「3C營運模式」，運用內容（Content）來經營分眾社群（Community），進而以社群導向商務（Commerce）收益。為了打造「智慧生活生態系」，更成立「創新中心」，研發營運模式與創新體驗服務，一路帶領產業轉型及升級。

回顧過去數十年台灣的主流產業不斷地變化，起起伏伏，台灣目前處在一個「悶經濟」階段，我認為應由新的產業來替代一些空洞化的產業，原來被視為傳統行業的服務業、吃喝玩樂產業、食衣住行產業，特別是以文化創意為底蘊的觀光旅遊休閒產業，更應接棒成為台灣主流產業。

我們可以觀察到台灣上一代的創業者，是為了生活（Making a Living），但新一代的創業者著重的是創造生活型態（Making a Lifestyle）。我雖然不能算是年輕層，但我保持熱情並自我期許，成為實現美好生活（Life Fulfillment）的企業工作者，而旅遊就是生活產業關鍵的一環。

雄獅集團正在邁向「生活產業」演進過程，持續創新已是企業文化，正如溫教授在書中提出：「文創產業或未來智慧生活產業的發展，需要的更是『人文創新系統』。」得到創新管理大師的學理支持，期許有機會能為台灣再創新一波產業升級。

拾階而上

佘日新
財團法人中衛發展中心董事長、財團法人國家實驗研究院營運長、暨南大學特聘教授

肇東兄為學界前輩，新書即將發表，遵囑為序，深感書名奧妙！十年百城、千卷萬里，遂以拾階而上為題推介之。

十年，一般的學生從大學入學起算，可以讀完博士。

百城，從世界地圖上鋪陳開來，累積的飛航哩程恐怕可換好幾張頭等艙機票了。

千卷，可能裝滿五輛牛車都裝不下的書，已達超越學富五車的境界。

萬里，是成吉思汗快馬鐵騎征伐歐亞大陸的足跡。

十百千萬，拾階而上的經驗是將寬闊的國際視野與豐盛的人生經驗，化約為教育資源祝福莘莘學子，在那個行動學習聞所未聞的年代，溫肇東教授啟發了一個世代的師生，也遙遙呼應辛棄疾的詞牌〈永遇樂〉：千古江山，英雄無覓、孫

仲謀處。舞榭歌臺，風流總被、雨打風吹去。斜陽草樹，尋常巷陌，人道寄奴曾住。想當年，金戈鐵馬，氣吞萬里如虎。

讀著肇東兄寄來的手稿，思緒飄回在華威商學院（Warwick Business School）唸博士的時空，也牽繫著二〇〇七年受教育部補助去考察英國文化創意產業的驚豔。英國，曾經在十九世紀日不落的旗幟，在二十世紀全球產業板塊重組的地圖上不再飛颺。但在二十一世紀剛露曙光之際，創意產業的號角似乎吹響了另一波的榮華。肇東教授本書涵蓋的歐亞美洲的足跡，正輝映著當年大英帝國的輝煌。

這些過去完成式的美妙是穿越時空觸動了現在進行式與未來式，這些學習者的足跡引發我們什麼樣的反思？啟發我們什麼樣的頓悟？又激發我們什麼樣的行動？閱讀的是肇東兄的手稿，不知將來付梓的頁面留不留白？因為讀者隨著作者十百千萬、拾級而上，在本書留白處留下的感動紀錄，將延續、擴大本書的精彩！

用以致學，體驗帶來轉化

許毓仁
TEDxTaipei 創辦人＆策展人

「讀萬卷書不如行萬里路」這句話在今日的網路時代更加貼切，在網路科技發達的今日，學習已不再局限於書本上教室內。著名的TED大會講者也是教育專家肯・羅賓森（Ken Robinson），在他的演講也談到學校扼殺創意（School Kills Creativity）。如果今日你取得資訊的來源還是透過教科書或是學校規定閱讀的資料，那麼你將注定落伍平庸，在現今內容的取得已經不是學習唯一的關鍵了，MOOC（大規模線上課程）時代的來臨剷平了學習的地平線，迫使高等教育更開放，尋找新的創新模式，哈佛商學院也開始研究收費機制的線上課程。從早期的MIT Open Courseware到Coursera、Edx、Udacity、TED talks、Khan Academy，線上課程解決了取得內容（access）的問題和散播覆蓋率（distribution coverage）的問題，但是沒有解決「學習體驗」的問題。

這是一個「用以致學」的時代，以前知識在於累積，學術在於精，在萬變的今日如何整合知識，找到連結點（connecting dots）才是更重要的技能。日本軟體銀行的創辦人孫正義先生投資眼光獨到，早期投資了馬雲，阿里巴巴今年 IPO 後，孫正義賺進幾千倍的回收。孫正義在一場對未來願景演講中提到，「網路是鐵路，載具是火車，內容服務是月台」，跨界思考的人才能看到不同事物的連結點。

今日的教育思維多半仍是單一領域思考（solo thinking），講求專才的培養，對於如何用專業知識結合其他領域創新還需要加強，一個會計系的學生能否跟資科系的開發財務軟體 APP？一個醫學院的學生能否結合工業設計開發新的醫療器具？如何用你所學到的知識才是王道，因此學習有形、無形的情境（context）比內容（content）還重要，從做中學、遊中學，用身體去學習可能是關鍵。

麻省理工學院多媒體實驗室（Media Lab）主任伊藤穰一（Joi Ito）在上任時，提出大學要從封閉型式的貨櫃思維到開放式的互聯網思維（From Container Thinking to Networked Thinking），針對於此他提出了 Media Lab 的九大新原則：韌性大於力量（Resilience over Strength），系統大於物件（Systems over Objects），抵抗大於守舊（Disobedience over Compliance），吸引大於強推（Pull over Push），羅盤大於路線圖（Compass over Maps），突發大於權威（Emergence over Authority），冒險大於安逸（Risk over Safety），練習大於理論（Practice over Theory），學習大於教育（Learning over Education）。這九大原則印證也主宰著未來世界的商業模式和創新，在溫老師的篇章中我們看到不少的線索。

其中，練習大於理論、學習大於教育在我身上有很大的啟發。二〇〇九年我和朋友爭取TED在地授權，創辦TEDxTaipei，我不是學策展（curation），大學唸的是英語系，面對這個我自己「發明」的工作，我最好的學習方式就是看看別人怎麼做，由模仿到創新，其中過程找到自我的定位，TEDxTaipei的定位是打造一個華人說故事的平台，透過十八分鐘的演講把台灣的故事帶到全世界，把世界的好故事帶進台灣。六年來蒐集了將近四百場演講，創造了超過三千萬次的累積點閱率，五千名付費進場觀眾。在這個內容唾手可得的年代，重點是你如何能整理歸納並且提出自己的觀點。

溫老師這本書收錄了十多年來他在政大科管所以及EMBA的許多國內外參訪行程的心得，從舊金山到阿姆斯特丹，從柏林到京都，有些是他個人參加國際會議的觀察心得，有些是他帶學生老闆們的參訪行程。溫老師的觀察是探索式（inquiry）的，他習慣用不同的角度來看事情，同樣一個地點參訪，溫老師提出的問題總是引導思考，開放辯證，他會強調「為什麼」，鼓勵問「問題背後的問題」，不斷鑽研事物的本質，這樣看到的東西也非表面膚淺，這是我在溫老師身上學到的。

策展本身也是一種體驗，藉由對於一個觀點的探討，整理出有意義的內容，每一個展覽、每一個演講背後有其設計，仔細探究設計的過程便能看出創新的關鍵點。過去幾年我有機會參加各國的 TEDx 大會，包括上海、柏林、東京、首爾、杜哈、香港、北京等等，我也學習溫老師在體驗的過程中探索創新的關鍵點，探索藏在細節的精華和設計背後的巧思，在這個城市引領趨勢的年代，許多的創新早已打破國界藩籬、文化語言障礙。我們要注意的反而不是主流的產品服務，而是在邊陲地帶正在興起的趨勢，而這樣的趨勢只能透過體驗、觀察、辯證、歸納，引導出獨立的新觀念，而這樣的步驟也是我在溫老師身上學到的。

二〇〇九年我剛引進 TEDxTaipei，當時溫老師在政大創新創造力中心任教，我前去請溫老師指導，當時也促成第一次 TEDx 年會連線直播，在政大開了第二現場直播年會當天的演講。這幾年我持續創業，在懵懂中摸索，也常常請教溫老師在公司治理、商業模式、創新等等的問題，無論是在老師家的大廈會客區、餐桌或是咖啡館，老師都不吝嗇他的時間與我討論。老師也從來不給標準答案，他總是耐心地聽我講完後，分析思路，提出問題來反問我，要我從各種不同角度思考，經過沉澱後，發現自己思考的盲點。

閱讀溫老師的《十年百城‧千卷萬里》，深切感受用以致學，體驗帶來轉化的力量，也從他的閱歷中了解創新來自於與眾不同的觀察。

【前言】

異鄉的憶義

過去二個「十年」，為了帶學生海外田野學習、參加國際會議，加上其他公私務行程，大概已拜訪過二「百」個城市。為了規劃行程、聯繫參訪機構、設定議題，行前所參閱的資料、文章，應該超過一「千」篇；當然飛行里程及地面交通，加起來的公里數也足以「萬」計。

有些教授堅持學問主要是來自深刻的閱讀，尤其在網路時代「秀才不出門，能知天下事」，但我個人認為「腳踏實地」、「身體力行」學來的知識一樣重要。我們對所處世界的理解，有一部分當然是透過文字與影像，但有另一部分是身歷其境，直接和當地的人、事、物有所互動，經過對談、體驗和吸收會更加深刻。雖只是短時間的停留，但因事前做過功課及事後與相關資料的印證，加上每次心得發表會得到專家的評論，這樣的學習是單單透過閱讀所無法比擬的。

我個人從初中參加救國團活動就有寫紀錄心得的習慣，在科管所期間為推銷「遊中學」獨特創新的學習方式，更努力書寫。一方面是一種「行銷」初創的科管所，一方面也強迫自己從中意會（sense making），不知不覺也留下這麼多篇章。

本書的安排上，第一部分先從近幾年一些城市參訪的十四篇心得開始，這些旅次不全是帶學生出去，自己也很久沒有參加旅行團了，在不同機緣下的行程中總是會有一些碰撞（encounter）和新奇的發現，這也是旅行有趣的地方。此篇章關心的議題以文化、創新的城市風貌為主，命名為「品味城鄉的人文與創意」。

每個人的旅遊其實隨其職涯及生命週期，每個階段會有所不同。第二部分重點在觀光旅遊與體驗經濟，也正是台灣從製造生產的「硬實力」要轉型到生活型態、文創等「軟實力」的重要實踐，透過不同的城鄉旅行心得，將這一章十四篇文章命名為「形塑觀光與體驗的未來」。

第三部分則回顧較早期科管所海外創新之旅，從「遊中學」這個概念如何被啟動，當年周邊客觀條件還不完備的情況下，我們如何從行程的規劃與安排，將學習的議題整合在參訪的過程中。從歷次的學習心得，如何意會轉化為教材、研究計畫，甚至落實到政策建議，共收納十二篇文章，命名為「那些年從移動教室學到的創新」。

這些萬里行蹤，除了產官學研與創新業務相關的單位之外，不同旅程的安排也會搭配剛好碰到的奧運、世足賽、萬國博覽會等，還有各領域重要的年會、研討會。這些大型會展活動的舉辦，不同於常設企業的創新模式，往後更是創意競逐、人才互動的組織場域，亦是很有啟發性的學習機緣。

這樣的學習當然有直接對應「科技創新系統」的部分，從研發、生產、製造、商業化、到行銷等大家比較熟悉的領域，確實有很多啟發和驗證。更重要的是，台灣雖有很多專利，但要真正落實到產業創新，似乎還有很多斷鏈及缺口。因此，啟動了我們對「人文創新系統」的揣摩和建構，這個系統包括：從未來想像、原型示範、展演及大型活動的運營，到生活脈絡、使用情境的探索等。這個系統和「科技創新系統」一樣重要，但受到台灣多數人的忽視。回想起來，這些相對「無形」或「軟實力」的概念與實踐，有許多是在過去萬里的旅程中與他者、異境多次碰撞、邂逅，再加上文獻的專研，逐漸體會出來的，符合讀萬卷書還要行萬里路的道理。

第一部

品味城鄉的人文與創意

Finding meaning in creative landscapes

以世界男裝中心打造倫敦

從披頭四到貝克漢、從二位「皇孫」到哈利波特、中土的魔戒、福爾摩斯到詹姆斯·龐德等，英國不缺男性偶像，將倫敦打造成「世界男裝中心」是很自然的策略選擇。

一個現代化城市或未來智慧城市，強調的是善用網路、能源、交通、電信等各種科技，促進人流、物流、金流、資訊流等運作系統順暢運轉。當然一個宜居（livable）或創意城市，需要的不只是這些硬實力、人為資本（man-made capital）；還有天生的好山好水、自然秉賦（natural capital）；由其居民的學養、從事工作的類型組成之人力資本（human capital），我們常說「最美麗的風景就是人」；還有人與人之間的友善、信任關係構成的社會資本（social capital）。

但一個城市要有溫度，居民有主觀的幸福感，或外地來的人也會很自在，「文化」這個相對無形的因素，就可能扮演很重要的角色。文化在一個城市裡的價值會怎麼呈現？要怎麼捕捉呢？

三、四年前政大創新與創造力中心在提「文創產業發展計畫」時，有位評審問我要講文創發展，那民眾文化素養的提升，是否也是績效指標之一？這個問題我經常反芻至今。一般講產業發展，通常比較從價值鏈的創作端、供應端著手，較少會想到需求端，這和過去我們經濟發展都靠外銷，離真正的使用者與消費者很遠，因此概念相對模糊、薄弱有關。

這也是我們從過去成功的輕工業到科技業，都不容易做出「品牌」的主因，我們建構品牌的執行能耐及經驗都有不足的地方。過去不論研發、生產基地都只顧外銷，和周邊鄰近的人、社區或土地的脈絡關連極少。

而發展文創產業的情境非常不同，它必須和人、當地社區、文化社會的脈絡息息相關。因此其「發展」思維應有別於過去的其他產業的經驗，這也是很多文化界人士擔憂的，若經濟部或文創司，只重「產值、投報率」等指標，會失去了文化創意的本體與內容，這個提醒絕對重要。就像最近李宗盛的一個談話「文創的重點在感動，不在產值」，但我認為他只對了一半。

既然要講「產業」，文創有「十五加一」個行業，從表演藝術、音樂、電影、設計、流行時尚、手工藝，這些行業本來都有一定的「產值」，能帶動文創工作者從生產、流通、到消費整個價值鏈的就業，而不是只停留在較狹義的「藝術市場」或「內容」創作端。商業發展研究院董事長徐重仁的文章〈創造讓人感動的文創產業〉，應是對李宗盛的一種回應，亦即營利事業「也」可運用創意做出很多「感動人」的事情。

透過奧運展現文化內涵

關於文創產業的指標與價值，不只是台灣的問題，也是全球的問題。推動創意經濟較早的澳洲、英國在這方面的論述都不遺餘力。二〇一二年「世界城市文化論壇」（World City Culture Forum）在倫敦成立，目前有二十七個城市參加。他們試著從投入、歷程、產出的角度探討「城市文化」的表現。台北市、新北市、還有許多城市都曾做過「文化指標」的調查，如城市內圖書館的藏書、劇院、美術館等數量，每人每年借多少本書、看幾場電影、音樂會等流量。

但似乎很少人在意與引用這些數據，可能這些還不足以真正表達一個城市的「文化活力」。倫敦、巴黎、柏林、紐約、京都之所以吸引人，文化一定是其中重要的因素。像倫敦市文化局長賈絲汀・賽門斯在台北的一場「城市論壇」中就提到，倫敦吸引的觀光客中有八〇%是因其文化而來，倫敦是博物館、表演藝術、戲劇、音樂、設計、時尚、電影、廣告的中心，千禧年前後也增添了一些紀念性的地景。

二〇一二年舉辦的倫敦奧運有機會讓其整頓東區，並創造了一個新的科技聚落（tech city）。同年推動的文化奧運（Cultural Olympiad）得到更多元的參與，使已開發國家城市的納稅人，看得見這項活動對城市的價值，也使得最早提出「創意產業」的英國，又邁向另一個里程碑，持續領先。

世界男裝中心當仁不讓

賈絲汀局長更提到倫敦打算增加一個文創的主軸，就是「世界男裝中心」

（Home of menswear）。巴黎、米蘭、東京都以女裝為主，義大利男裝可能還有一些抗衡的機會，不過如果倫敦卯足全力來打造，我覺得還蠻有可能性的。因英國從披頭四到貝克漢、從二位「皇孫」到哈利波特、中土的魔戒、福爾摩斯到詹姆斯・龐德等，英國不缺男性偶像，及男裝多元個性的表現。從紡織業啟動工業革命的英國，更有多種織品布料的設計與技藝，因此「男裝中心」似乎是個很自然的策略選擇。

一般城市的文化靠歷史建築、收集文物的展館來展現，如倫敦有大英博物館和V&A博物館（Victoria and Albert Museum），巴黎有羅浮宮、紐約有大都會，京都也有很多歷史建築。但傳統的歷史建築也需「與時俱進」，加入創新的元素，如貝聿銘的羅浮宮金字塔，擴大了流量。由車站改建的奧塞美術館，京都車站與旅館、百貨及市民廣場共構，都是以嶄新創意融合傳統與現代。

倫敦在舊市區及泰晤士河兩岸，刻意維持一定的天際線高度，凝結空間與時間的意象，新開發的高層建築盡量往東及出海口去進行。一個城市在文化保存與積累的同時，也需適時增添新的文化硬體建設，但更需能形塑新興的概念與產業，如創意、設計、科技、男裝等，注入新的文化元素，活絡城市新生命。二〇二〇東京奧運能超越倫敦，為東京帶來什麼更新的價值嗎？

最近高雄的氣爆事件，反映了都市營運基礎建設中，看不見的管線與生命及居住安全的攸關性。也看到處理危機時，該城市政府、企業、民間的「文化」如何面對此一共業。也讓我們能再一次省思城市的軟硬體建設中，「文化」所扮演的角色。

（原篇名〈創新文化元素，打造有溫度的城市〉，載於《經理人月刊》，2014.09）

歐洲文化首都與都市再生

愛爾蘭科克、英國利物浦、奧地利林茲、德國魯爾埃森，活用了過去的文化遺產，並運用大家對城市的「記憶」，凝聚「共識」，「建構」未來的「想像」，成功讓都市再生。

二〇一三年暑假的地中海遊輪之旅，行經巴塞隆納、馬賽、佛羅倫斯、羅馬、雅典、伊斯坦堡、及威尼斯等歐洲文化古城及創意之都。除了目睹過去歷史課本中希臘、羅馬帝國、拜占庭、鄂圖曼帝國的遺跡之外，對於生活在古蹟及世界遺產中的城市與市民有了第一線觀察。

馬賽及一小時車程的普羅旺斯是二〇一三年的「歐洲文化首都」（European Capital of Culture, ECoC）。馬賽的碼頭市集廣場上擺了許多當代藝術家的戶外雕塑品，沿途也看到不少正在進行「都市更新」的專案。普羅旺斯的美術館展出的是「從塞尚到馬諦斯」，印象派以來「形式與顏色」的辯證。從一八八〇年到一九六〇年間，法國南方曾吸引了當時的許多畫家在此一地區作畫。一個城市（鄉）能吸引藝術家群聚，一定有其特殊的自然或人文條件。當地的天氣及美食、美酒也是重要的誘因，以塞尚為核心的幾十位畫家在此不斷地創作以及對話（含書信往來），這更是不易「複製」的傳奇。

文化祖產的維繫與折舊

就像是佛羅倫斯的麥迪西時代，威尼斯商人水都的創建也都成為歷史，目前這些城市都是靠「祖產」（Heritage）在經營維生。這些先人所創造的「智慧資本」，包括我們所珍惜、或到了當地能感受得到的「人為」及「社會」資本，但光是倚賴這些能否再創「未來」，則是很大的挑戰。像威尼斯並沒有發展出其他足以留住年輕人的新興產業，只剩觀光產業在支撐。因此它的危機不在城市的物理承載力是否能持續，而是人才會不會持續流失。

郭姿麟教授等著的《歐洲文化首都》一書正是歐盟對這問題的一個回應，闡述了歐盟如何讓各個文化古城、新城之間的發展，有一種正向良性的競爭。各城市可提出各種創意，活用過去的文化遺產，在獲得這個頭銜的過程中，運用大家對城市的「記憶」，凝聚「共識」，「建構」未來的「想像」。

過去幾年經常有機會到歐洲去考察或旅遊，這本書中所收錄的四個城市，愛爾蘭科克（Cork, ECoC 2005）、英國利物浦（Liverpool, ECoC 2008）、奧地利林茲（Linz, ECoC 2009）、德國魯爾埃森（Ruhr Essen, ECoC 2010），只有科克我沒去過（但二〇〇三年也去過愛爾蘭），對歐洲城市的風貌有一定的印象。對照美國，像最近底特律市政府的破產，或羅徹斯特在柯達公司（Kodak Co.）破產後，還算能維持一定局面，每個城市都會面臨產業更替，但其因應則產生不同的結果。美國因地大物博，除了像卡崔娜風災聯邦政府會介入之外，都市發展基本上是靠地方政府各自努力。

工業革命以降，歐洲各個工業都市的先驅者，如魯爾區或利物浦也都曾經跌到谷底，由於物換星移，主要產業沒落、人口驟降，到處是廢棄的工廠和無人居住的民宅與店面。但歐洲人過去二十年在「區域創新」或「都市更新」上有一定的成果，許多城鄉再生再造、轉型成功。作者們透過歐盟「歐洲文化首都」來探討如何推動，讓各國各個城市有更多機會彰顯其特色與文化，發展生意、互相交流。這個政策背後的脈絡是歐盟形成後，貨幣統一，人才也自由移動，歐洲各大學都鼓勵其大學生有「移地學習」的經驗。因此我們可以理解其間的交流是多層次的，從技術研發、教育、文化、到觀光。結果我們可以看到這些年來，歐盟「區域內」互通有無的貿易成長大於與區域外的貿易。

城市興衰的生命週期，谷底翻身如浴火鳳凰

二〇〇九年科管所的「英國文創之旅」曾到訪過利物浦，在它得到「歐洲文化首都」的次年，當時也曾短暫訪問過伯明罕，二〇一〇年我又特別去拜訪當年和利物浦競爭文化首都失利的曼徹斯特。這些英國工業革命以來早期的重要城市，在二十世紀六〇、七〇年代，由於亞洲興起、產業東移時逐漸沒落，到八〇年代跌到谷底，從九〇年代起開始有各種不同程度的轉型更新。那次我們聽到的簡報與介紹，剛好涵蓋他們如何籌備爭取到這個頭銜，以及在二〇〇八年實際為

他們帶來的成果與效益。

除了參訪披頭四的紀念館，與其發跡的酒館，我們也拜訪了利物浦大學流行音樂系，和披頭四保羅・麥卡尼創設的「利物浦表演藝術學校」。雖然時間短暫，但仍有非常深刻的交流，了解教育機構在城市發展中可以扮演的積極角色。我最有興趣的是當一個城市跌到谷底時，當地的大學如何自處？如何力挽狂瀾？好的老師會遷出，還是堅持在崗位上，吸引好的學生前來，為未來播下希望及復甦的種子。我想音樂、高等教育和豐富的工業歷史文物，都是利物浦獲選文化首都的條件。

我們在碼頭區看到改造過的市容及博物館區，因「歐洲文化首都」之名，二〇〇八年確實吸引不少歐洲及英國國內各地遠道而來的觀光客，也讓國際連鎖旅館從一家增加到六家。但在市區內還是有門窗用木板釘住、尚無人居住的排屋（阻止無殼蝸牛的入侵），表示要恢復到它昔日的榮景及大量人口回流，仍需假以時日。

善用歐盟及國際的力量來再生

魯爾區是另一個科管所曾在二〇〇二及二〇〇六年二次到訪的區域。林盛豐教授《遠見的城市》影集，策劃了國內外十四個前瞻創新或浴火重生的城市，有關魯爾區的二個專輯是我上課常用的教材。魯爾區在九〇年代透過ＩＢＡ的國際建築博覽會，及新興產業的育成令人印象深刻。從第一座斜玻璃立面的太陽能科技公園，到水塔改造的飛碟辦公室、瓦斯槽改造的大展覽場、由最礙眼的煤渣山整建成的休閒公園，處處充滿化腐朽為神奇的驚豔。

在《遠見的城市》魯爾區第二輯中的老人住宅、單親媽媽住宅等社區的規劃更令人心動，新能源、太陽能實驗計畫、及生態復育的各種計畫，城市要永續地發展，除了物理上環境生態要照顧之外，以人為本的考量，才能將人口帶回到社區。從生態、生活、生計到生命的提升，我想這些都是它能獲選歐洲文化首都的實績。

另外，我認為很重要的是，魯爾區在六〇年代末、七〇年代中陸續成立的五所大學。我們曾參訪過其中的兩所，波鴻大學及多特蒙特應用科技大學。因辦學校，特別招募了一些師資，並有許多創新的課程及實驗性的校園建設（分校間的吊式單軌電車）。整個魯爾區在這之前的四、五個世代都以礦業為生，要唸大學必須遠到二百公里之外的阿亨（Aachen）、柏林及科隆。當整個魯爾區從傳統的煤、鋼轉成綠能產業所需的科技，人才是否能到位是重要關鍵。由包浩斯設計的十二號礦區也成為發展設計產業的基地，難怪紅點設計的第一個博物館就選擇落腳在這個歷史遺跡中。

到訪林茲是一九九三年從美國參加美國運通的旅遊團，那是我第一次到歐陸的旅行，遊經德、奧、瑞等三個德語系國家，導遊是瑞士籍的，矮小精幹，算是一個在地深度的旅遊。在瑞士旅程中也造訪過世界經濟組織（WEF）常開會的達沃斯（Davos），在奧地利還拜訪了如葛拉茲（Graz）、林茲等小鎮。對林茲的印象老實說已經很模糊了，但後來從林茲舉辦國際「數位藝術節」及U19的競賽，才又想起了這個不起眼的小城。

地方的記憶，認同建構與想像

奧國和瑞士都是小國，也標榜中立，很善於將國際組織的機構及會議拉攏到他們的城市來舉辦。因與人為善，各方人馬常在此進出，也確保了自身的地位與安全。當然前提是你的水平必須合乎國際標準，甚至更有特色。會展產業已成為重要產業，林茲算較早擺脫傳統煤鋼舊工業的軟硬體包袱，共同想像直指未來的數位時代，將過去的記憶變成特色背景，而積極引進新的國際元素，用數位科技結合藝術與想像，透過節慶和比賽為城市創造了新的生命與機會。

書中四個「歐洲文化首都」個案，二個屬英語區國家、二個屬德語系國家，各有其基本的法律框架，且都有一大一小的對照。當然四個城市在其歷史記憶、認同及對未來的想像各有不同，當地產、官、學、研的共識、參與及企圖心亦有所差異。而從歐盟層次來看，同一政策工具、同一個期許，卻造成了不太相同的結果。除了個別城市的案例與經驗，在政策的落實績效上，也給了我們比較、對照的機會，這類的文創政策對城市或區域的發展、復興、更新的可能性，也給我們很大的啟發。

（原篇名〈歐洲文化首都與都市再生〉，載於《歐洲文化首都：這些年教我們的事》，遠流出版，2013.11）

昆士蘭與布里斯班的創意

大堡礁徵求島上工作人員的廣告，以及「招待世界上最棒的公司」去旅遊，昆士蘭旅遊局的行銷創意，成功吸引全球目光，來自世界各地的人們共同參與，廣告效益驚人。

城市有許多樣貌，有古都、廢都、過氣的城市，當然也有很多急起直追的新興城市。哪一種城市最能面向未來，沒有必然的保證。因為科技、人才、資金、各項智慧資本，都是會移動、沒有疆界的，只有有願景、有魅力的地方，才能吸引才人，留住資本。

當智慧資本（Intellectual capitals）與土地結合，才能將小寫的資本，變成大寫的「智慧首都」（Intellectual Capital）。澳洲東北大州昆士蘭（Queensland）一向以鈾礦、農畜產及觀光聞名，但在二十世紀末，州政府提出了"Smart State"的論述，認為在知識經濟的時代，除了上述傳統產業外，也應該發展出與知識及創意有關的產業。

智慧之都與創意城市

其首府布里斯班（Brisbane）也在世紀轉換之際提出"Creative Brisbane"的概念，分別從人民（people）、經驗（experience）、風格（style）、作法（way），來描繪城市的想像。

昆士蘭旅遊局曾連續推出兩個非常成功有創意的活動，一個是大堡礁徵求島上工作人員的廣告，吸引了數萬人參與投件，應徵者必須上傳自我介紹的短片（user generated contents, UGC），加上網路投票的群眾參與的熱潮。台灣也有人入圍到最後的決選名單，且在網路票選上得到高票。

本來以為這個行銷創意已是空前絕後，沒想到兩年後，他們再度推出「招待世界上最棒的公司」去旅遊，又吸引到數千家公司的投稿。台灣亦有四家公司進入決選名單，透過使用UGC，可用很低的成本吸引網友對昆士蘭的興趣，得到極大的廣告效果。創意不是用「講」的，昆士蘭旅遊局實際邀全球大家一起將此創意「做」出來。

布里斯班是昆士蘭州的首府，市民平均年齡是三十二歲，其中十~二十四歲佔二二%。有二三%的市民出生在外國，雖還是以白人為主，但有一三・五%的市民，日常生活用語是華文、越南文及義大利文，也符合《創意新貴》（*The Rise of the Creative Class*）作者理察・佛羅里達（Richard Florida）的定義，一個典型多元化的創意城市。

布里斯班在二〇〇〇年一月，曾提出「二〇一〇生活在布里斯班」，但經過五年，城市有了很大的變化。昆士蘭州東南區域計畫（包括黃金海岸與陽光沿岸）預計在未來二十年會湧進一百萬新居民，其中二十五萬人會住在布里斯班。

計畫趕不上變化，大膽自我更新

但是，該地區也同時面臨缺水嚴重（規定沖澡最多四分鐘）、能源價格上揚、氣候變遷等區域性及全球性的問題。因此，在二〇〇五～二〇〇六年，布里斯班又重新進行一次「城市遠景」調查，且交由市府青年部來執行。

這次活動包括城市形貌調查、願景插畫明信片、青年願景計畫、社區價值工作坊、焦點團體及電話訪談等多重途徑的城市遠景調查，合計超過一萬八千人參與，最後由參與的十個青年工作團隊向市長及議長提出報告。

現在布里斯班的願景是「進步與繁榮，有個性的城市」，展開來的八個面向是：友善與安全、潔淨與綠色、精緻的亞熱帶設計、易接近且相互連結、瀟灑繁榮、活潑健康、有活力創意、兼顧區域及世界。每一個面向，都是回顧歷史發展，經過現在實況的檢討，再向未來開展。既有根有土壤，也有想像與創意。

從土地與人才發展出來的特色與風格，才會有差異化。台灣如果欲從「製造代工」的管理技能與左腦優勢，轉型升級到「創意與服務」的右腦柔性思考，無論是政府、企業或人民，都需要更多對自身社會脈絡、生活風格的探究與賞析，從中發掘對未來的想像。

（原篇名〈城市的想像力〉，載於《經理人月刊》，2007.11）

追記：當初二〇〇七年會到布里斯班，是因為當地的昆士蘭科技大學（Queensland University of Technology, QUT）有一個很有名的創意產業園區（Creative Industry Precinct, CIP）。QUT將一個舊營區開發成新校區時，以創意產業及促進產學合作為核心，建置了二十四小時的電台及電視製作單位、商用展演空間、育成中心等，讓相關系所同學接近及參與實務。這個創新基地也帶動了創意產業的研究，吸引有名的國際學者前來共襄盛舉，包括最早去計算衡量，創意產業在經濟中直接間接對就業貢獻的學術團體之一，他們和各國的政府及學校（包括兩岸三地）都有積極的互動，創意城市帶動創意學校，反之亦然。澳洲到二〇一五年已辦了六屆的創立方 Creative 3 國際創業競賽，就是在布里斯班舉行。

孕育披頭四傳奇的利物浦

利物浦是披頭四的故鄉，表演藝術和流行音樂成為其重要資產，再加上自工業革命時期起就是一個重要的港口，極具獨特性及競爭力，豐富的文化及歷史遺產造就成知識密集與創意密集的城市。

台灣有很多人走過世界很多地方，但從未去過英國；有很多人去過英國很多城市，但較少人去過利物浦。是什麼原因讓科管所二〇〇九年初夏的文創之旅來到利物浦？利物浦是二〇〇八年歐盟的文化首都，也是披頭四的故鄉，更重要的是，吳靜吉老師建議我們前往去拜訪兩個和流行音樂相關的機構。一是保羅‧麥卡尼在一九九六年創立的「利物浦表演藝術學院」（The Liverpool Institute for Performing Arts, LIPA），一是利物浦大學音樂學院有個「流行音樂系」。對方起初都有點訝異科管所和「音樂」有何瓜葛？我們說明了我們對文化創意產業的探索，對流行文化人才的培育，及相關的教學與研究有興趣，透過英國文化協會的穿針引線，使我們能順利成行。

我們在利物浦停留的時間不過二十五小時多一點，但卻是一相當充實豐碩的旅程，當晚旅行社安排我們住在郊外海邊的一家古堡旅館，走出旅館三分鐘就可到海灘。除了兩所學校的深度訪談與交流，「藝術文化媒體公司」為我們說明了利物浦這幾年的發展，也抽空到披頭四發跡的卡爾俱樂部（The Cavern Club），碼頭區的泰德美術館，以及「披頭四故事館」。從利物浦回倫敦的車程，成為我們的「移動教室」，全員二十二人輪流分享與問答，進行五個小時還意猶未盡。

利物浦從工業革命時期起就是一個重要的港口，經過十八、十九世紀，已成為一個紡織品進出口及奴隸買賣的主要商港，當時最有錢的英國人都是住在利物浦。

在二十世紀全盛時期，利物浦城市人口曾超過八十萬，但七○年代之後因工商重心的轉移，經濟持續衰退，到八○年代中後段達到谷底，人口剩下不到四十萬。保羅・麥卡尼創立「表演藝術學院」背後最主要的動機，其實是想保住自己的母校，那是一所一八二五年即創立的男學校，還曾出過一位諾貝爾獎得主。這所學校在一九八五年即停止招生，到一九九六年麥卡尼買下時，整個學校已荒廢到連屋頂都沒有了。

利物浦表演藝術學院其實類似我們早年的藝專，主要是收十八、十九歲想在表演藝術界發展的人，包括音樂、舞蹈、戲劇、聲音技術、舞台技術、舞台設計與舞台管理七個系。專任教師四十人，兼任二百人都是仍在業界活躍的專業工作者，偶爾也會收一些已在業界工作的人進行短期的進修，五月天的石頭就曾來此待了一年。

氣質與反思是重要的底蘊

令人比較敬佩的是，這所學校強調跨領域、團體合作與做中學，校內一年會有約二百場的練習與演出，也鼓勵他們在外兼差，磨練自身的技巧。除此，更重視學生的氣質（temperament）與反思（reflection）能力的培養，他們並不刻意培養明星，而是強調在此即使是最後一名畢業，都會有一定的水準，馬上能在業界發揮。

另一所利物浦大學則是在市中心，最好的住宅區、教堂都成為學校的一部分。在不景氣之際，大學的招生及規模幾乎沒有受到什麼影響，學術的研究、人才的傳承等等煙火得以延續，應是此番復甦時重要的資產。因披頭四定義了當代的流行音樂，因此利物浦大學也是少數在音樂學院中設有「流行音樂系」的學校。邁克・瓊斯（Mike Jones）教授是威爾斯人，曾是暢銷作曲家，也開創過「音樂產業的ＭＢＡ」課程，他主要的研究是音樂家的創造力和其工作及作品之間的關係，我們一起探討科學家和音樂家在這幾個面向的相似性與相異性，相隔千里，一見如故，惺惺相惜，雙方都非常興奮。

城市谷底翻身的起動力

在台灣我們不曾有過目睹一個大城市人口掉落到剩下不到一半，再復甦的經驗，利物浦作為一個城市，在最低潮時，國際連鎖旅館只剩一家，現在已有六家。在二〇〇三年和伯明罕競爭勝出，取得二〇〇八的歐洲文化首都，去年一共辦了七千場活動，吸引了一千五百萬觀光客前來，其中有三百五十萬人是第一次到訪。目前歐盟的補助已告一段落，地方政府提出了二〇二四願景，希望以其豐富的文化及歷史遺產，相對低廉的物價，將利物浦建設成一個最適合作生意的地方。利物浦也是一個知識密集與創意密集的城市，其「海岸碼頭」已被聯合國UNESCO 認定為「世界遺產」，其擁有的博物館數目僅次於倫敦；表演藝術、戶外活動及足球運動都有其優勢及廣大的粉絲。

在利物浦仍然可以看到連棟二層樓的住宅，門窗被釘封得緊緊的，到其完全復甦還有一段路要走。來利物浦之前，我們也去了伯明罕，聽取市政府都市規劃人員的簡報，伯明罕也是從「黑鄉」逐漸轉化成商業中心（金融、會議、零售），雖然在競爭「歐洲文化首都」是輸給了利物浦，但其對未來的規劃及執行的力度，並不輸給利物浦，我只是在想城市之間的觀光競爭是不是「零和」遊戲？

（原篇名〈利物浦，靠文創產業翻身〉，載於《遠見雜誌》，2009.08）

文創許城市一個新的未來

曼徹斯特這個工業革命發跡的重鎮，保留了很多產業及文化的遺跡與博物館，當時因工廠集中生產，帶來大量勞工，興建了許多宿舍，這些建築遺跡都成為今日觀光的重點。

上海世界博覽會即將展開，吸引全球產官學研與一般民眾的目光，紛紛到上海參加這個國際級的盛會，上海也在這段時間內，成了全球創意與創新人才密切接觸的平台。根據粗估，可能會有上億人口集中在這個創新與科技匯集之地。可預見的是，經過世博這個高規格盛會的艱鉅挑戰，中國會再度提升許多運籌帷幄的能耐和危機處理的能力，並展現上海的城市競爭力，以及可宣示其國力的經典實績。

博覽會為城市轉型的契機

我們看到日本舉辦愛知博覽會，還有中國接下來的世博會，都給了國際與主辦國絕佳學習與實驗的機會。事實上，阿扁執政時曾提過舉辦「二〇〇八台灣博覽會」的構想。「台灣博覽會」在二〇〇二年時是一項目標，為此一百八十天大型活動，需建構必要軟硬體，透過一些方案活絡桃園、嘉義高鐵站周邊，也是可設定為將台灣從製造業轉型到服務業的里程碑。很可惜，因為種種原因，致使台灣失去了這個寶貴的舞台，台北的花博算是一個次佳的嘗試，因台北本來就是首善之區，挑戰沒那麼大，不過「展後」的規劃不夠完備，反而成為負面教材。

「文化創意產業」早在二〇〇二年就被政府列為國家重點發展計畫，近年來也成為台灣提升軟實力的重點。不過，國內文創的發展還有許多成長的空間，在學術上專門探討的質與量也還未具規模。由於英國是全球文創產業的重要據點之一，二〇一〇年五月再次造訪英國，把二〇〇九年「文創之旅」未竟造訪之處再作深度觀察，曼徹斯特是我探訪的重點之一。這個工業革命發跡的重鎮，保留了很多產業及文化的遺跡與博物館，如：「人民博物館」、「水力發電博物館」。

曼城當時因工廠集中生產，帶來了大量勞工，需興建宿舍給他們住，這些建築遺跡都成為今日觀光的重點。

這幾年來，台北市的華山文創園區也漸成國內推動文創的重鎮，還有宜蘭傳統藝術中心，也是國內文創產業的基地。我們來看文創產業發展的第一個重點，就是「文化」這個議題，這部分必須透過個人、工作室，或是各種非營利的原創能量，透過源源不絕的藝文創作，產生一定的作品。而這群文化工作者本身並不太關注市場，而比較著重個人信念與情感之表達，和觀賞者之間的溝通與迴響，像雲門舞集的創作者就是屬於這一類。另外，又如新銳設計師古又文去年躍上國際舞台，然而，他也只是單顆閃亮之星，還在努力藉此擴大其知名度與影響力，而如何讓整個環境可以使眾多星星匯成銀河，更是台灣文創產業能否成氣候的試金石。

文創產業需要多種跨領域的人才

也因此，這些原創者的周圍還需要一群創意仲介或經紀人才。他們能透過創意組合，將這些創作衍生為有價值的創意，例如文化育成中心、創意商品化等，國內知名瓷器自有品牌「法蘭瓷」就是其中一例，有創作者也有行銷的合作。當很多創作者把其作品之商業模式定調後，也會因為生態的成熟，而漸漸發展成產業。產業生態的形成，會產生多元錯綜的關係人（stakeholders）關係，才能支撐這個產業的持續蓬勃發展。所以在國外能夠發展出如歌舞劇《貓》這種定幕劇，長達十年在倫敦演出上千場以上吸睛全球，可謂「創意商業化」的最佳註解。而同樣的劇本和品牌還可以加以組合，發展周邊商品化，發揮乘數效應，也是「音樂劇」在歐美成功關鍵。

誠如理察・佛羅里達在《創意新貴：啟動新新經濟的菁英勢力》一書中所提到的，要誕生文創的關鍵三T是：人才（Talent）、技術（Technology）、容忍度（Tolerance），目前他主張增加一個T，也就是Territorial，就是指當地的自然資源與風土。

有了四個T之後，就有機會發展成「創意城鄉」。像德國的杜塞道夫（Düsseldorf），它原是萊茵河重要的河港，城市發展之初是因為它位居水運收稅位置，中世紀以來即是重要交通與文化樞紐，河運沒落後轉型為商業中心。二十年前，在當地政府的努力下，再度轉型成為一個媒體港（media harbor）的文創樞紐。許多數位媒體如CNN、德國廣播公司等，甚至服裝品牌三宅一生、奧美廣告也在此駐點。發展至今，杜塞道夫全市有三成人口從事媒體行業，加上廣告、顧問、律師及餐飲，有一半以上的人都是文創工作者，儼然成為「創意城市」轉型的典範，市政府用心經營與優惠配套措施，讓這一切成為可能。

（原篇名〈文創產業，許城市一個新的未來〉，載於《創新發現誌》，2010.06）

城市，讓生活更美好了嗎？

世博是展現國力的舞台，上海世博讓全世界看到正在崛起的中國實力，同時也讓中國廣大的老百姓認識世界。一場博覽會，讓自己認識自己，也讓別人認識自己。

上海世博會在二〇一一年十月底閉幕，大會主題「城市，讓生活更美好」，這是個真議題還是「假議題」？世界博覽會向來是各國展現國力的舞台，可以說是一場另類的「科技秀」，或者各自展現自己的文化特色，或強調和大陸交流的淵源，爭取大陸人民的好感，參展國的國家館和城市館真的在意「城市」這個主題嗎？

另一方面，過去八年上海砸下三千億人民幣進行城市基礎建設，一舉帶動上海與其周邊城市的發展也是事實。但城市，真的讓生活更美好了嗎？上一屆日本愛知博覽會各國館聚焦在主題「愛地球」。愛知博覽會的策展人強調他們要辦一場二十一世紀的博覽會，一反過去一百五十年博覽會參展國主要在秀船堅砲利，人定勝天的國力與科技。現在資訊這麼發達，有許多的場合、許多的媒體，平常就在作這些呈現與傳播。花這麼多錢的盛會，大家「應」來交流什麼？愛知在想的是，一個現代國家應如何與大自然相處，人類如何更謙卑地從大自然中學習其智慧。

中國大陸因政治、經濟及社會等方面的發展有它的階段性與脈絡，因此，上海舉辦世博會有多重目的，訂下這個主題，讓全世界看到正在崛起的中國實力，同時也讓中國廣大的老百姓認識世界。城市發展基礎建設投資比較集中，可提升較多人的生活，也有其道理。和十年前、二十年前相比，上海在硬體和軟體建設都改善非常多，的確使生活變得更美好，也吸引了包括台商、各國的生意人絡繹不絕。

未來城市生活由誰想像，由誰定義

可是，城市建設與發展終究有其極限，有些城市會不會現在就已發展到頂了呢？會不會因為城市建設而湧進更多外來人口，一方面使得鄉村因投資的排擠變得更凋零？會不會因交通便利造成更多流量，也製造更多混亂與環境汙染？城市的發展是要吸引「更多人」到城市來嗎？到城市才能擁有好生活嗎？這是中國大陸希望傳達的訊息嗎？

在此同時，看到ＩＢＭ在全球和各國政府合作推動「智慧城市」（Smart City）計畫、聯合國也在推動「創意城市」，以城市為單位的競爭很明顯是未來趨勢之一。但城市有創意、比較智慧，是使生活更美好的基礎或前提嗎？城市若不夠有創意或是不夠智慧，就不會吸引智慧工作者、創意工作者前來居住或工作，也無法使城市更加有吸引力嗎？

有智慧的家電、交通，生活就會更美好嗎？感應式的開關可節省能源，可遠端遙控、預錄、預煮、預放洗澡水；可在浴室一面刷牙，一面看股市或新聞，有機器人替你拿早報、吸地板，是這些科技使生活更美好嗎？這些由工程師、科技人在實驗室想出來的生活是「誰」需要的生活？

上海世博結束之後，有哪些東西會長遠留下來？歷屆博覽會都留下了哪些看得見的、看不見的東西？大家可以就近比較一九七〇年剷平基地的大阪，和二〇〇五年恢復成青年運動公園的愛知會場。台灣館搬回新竹是看得見的，但要將之養在新竹，看不到的花費可能更多，保留台灣館而不讓它變成蚊子館是很大的挑戰。

台北的發展已經到極限，未開發的大片空地只剩二〇二兵工廠及空軍總部等。很多人現在「出走台北」，往花東或宜蘭移動。城市發展是有其極限的，到某一程度，大家會走回鄉村，追求慢活、樂活。城市對中國來講，現階段可能是最佳解答，但是對台北來講，可能已經不是了。五都的概念好像還是服膺「城市使生活更美好」的邏輯。如果不考慮移民政策，台灣因少子化逐漸會到達人口頂峰，美國西岸及歐洲有很多成熟的都市都刻意「拒絕成長」，維持在一個較適當的規模，這在急遽成長經驗的亞洲地區是較難想像的。

讓世界看到中國，還是讓中國看到世界

此外，城市觀光是不是零和遊戲呢？一線城市北京、上海、首爾、曼谷等，

二線城市京都、福岡、廈門、青島、杭州等也在拚觀光、拚經濟、拚更好的發展，但觀光的需求可以無限地開發與成長嗎？每個人一年可以旅遊的時間，參與會展的時間，大概有一定的限度。最後是替代效果，還是多贏的局面？國際觀光客會不會去了京都，就不光臨九州了，要去上海開會，就捨棄首爾了？城市要如何做到像紐約、倫敦、巴黎，去再多次都不會覺得厭倦？

最近有人在討論空總和松菸的規劃，是變成社會住宅和文化園區，還是還有其他的可能性？台北需要幾座文化園區？台灣需要幾座文化園區？園區的發展會不會也有競爭的零和問題？花博使台北更美麗，但如果八百萬遊客主要來自國內，會排擠多少其他觀光景點的遊客，結束後有多少「美麗」會留下，有多少籌辦的經驗可移轉到其他的市政建設。美國今年就不贊成用聯邦的資源去參加博覽會，所以在上海世博較少聽到美國館。

世博是展現國力的舞台，上海世博讓很多沒辦法出國的大陸人去認識這個世界，也讓世界看到中國。雖然這次的國際遊客其實不多，但一定要到中國才能認識上海世博嗎？在世博的六個月期間，光是台灣報紙、電視新聞有多少版面、多少時段是在談論相關的內容？倫敦、紐約等其他地方也和台北一樣地報導上海世博。一場博覽會，讓自己認識自己、讓別人認識自己，台北的花博也盡力使更多人知道它的用心，看到美的持久與快樂的力量。

（原篇名〈城市，讓生活更美好了嗎？〉，載於《創新發現誌》，2011.01）

中國的魯爾區——瀋陽

「工業百項中國第一」的瀋陽，人文歷史遺產極為豐富，二〇〇六年的「園藝世界博覽會」，更發揮各地特色，創意巧思處處可見，從以煤、鋼為主的重工業區轉型過渡成現代化都市。

二〇一一年暑假到瀋陽一遊，這是我第一次來到東北遼寧地區，過去只在地理與清代及民國史課本才出現的名詞，如煤都撫順、鋼都鞍山、努爾哈赤、皇太極、九一八事件、張作霖、張學良等，真是百聞不如一見。此次參觀了清朝的皇陵（永陵與昭陵）、九一八歷史博物館、瀋陽故宮、遼寧博物館、張氏帥府，才知道這附近有這麼多世界文化遺產。畢竟比起歷代王朝，清朝距今三百多年，民國也不過百年，保存相對較易。

比較出乎意料的是，附近的自然生態和印象中的東北很不一樣，或許哈爾濱或黑龍江更北一點才比較符合東北的印象。二〇〇六年的「世界園藝博覽會」，棋盤山國際自然風景區，及昭陵周邊都是一個個保留下來的「生態林」。因是盛夏，走在這些林區內還蠻愜意的，瀋陽往東一、二個小時的路程都是丘陵地形，很像英國或新英格蘭的景象，從兩旁的玉米田可看出其土地肥沃、物產豐富。

自然資源與人造資本的牽引

瀋陽的朋友見面就說瀋陽有「工業百項中國第一」，中國第一架飛機、第一座車床、第一台自製CT掃描器都源自於此。瀋陽很像德國的魯爾區，他們最津津樂道的就是在前三十年計畫經濟下，許多重工業的項目都在這個區域發展。除了因有煤、鋼的基礎，加上一九二〇年代張作霖、張學良父子在此著手建設軍事工業，成立兵工廠，還有為運送資源廣布的鐵路建設。這些自然及人造的資本都是引起日本及俄國覬覦的原因，他們在此佔領後也繼續展開殖民的建設。

德國魯爾區在一九九〇年代，透過國際建築競圖，一百多個創意及更新的計畫，使沒落的煤鐵區轉型為新能源及設計、文創、觀光的地區。瀋陽因國營製造企業在大陸發展前三十年享有很多優勢，這些國營企業，從托兒所到養老院都齊備，形成很大的集團。但在改革開放後，每個事業集團都負有太多「社會責任」的包袱，因而影響了其市場競爭力。在這個世紀初，中國為加速轉型為市場經濟，下崗人員之多也曾造成社會壓力，但如今在都會區隨著大陸快速成長逐漸獲得解決。汙染的工廠都搬遷到都市更外圍，原來的地方也都改為高樓住宅、辦公大樓或商場了。大瀋陽地區八百多萬人，是東北主要城市，目前還在大興土木施工中的道路、樓房，比比皆是，典型新興市場的形象。

中國大陸二〇〇九年成為全球最大汽車市場後，各品牌都極力爭取在「現地製造」，包括賓士（北京）和寶馬（瀋陽），也都在大陸和當地汽車廠合資生產。連最頂級的車廠都願在此組裝，以市場換技術，假以時日，透過學習曲線，中國的汽車工業的水平一定會上升。台灣如何在大陸諸多產業升級時，藉勢壯大或深化自己的技術，卡到一定的位置，是一大考驗，否則在物換星移之間可能就被邊緣化了。

會展場館或工業地景的再生利用

二〇〇六年瀋陽的「園藝世界博覽會」，規模比台北花博大很多，除了國際館，南方與東北地區各城市的林園，也都互別設計苗頭，發揮各地特色，很有看頭。一百七十天的展期，中國遊客超過了三千萬人（台北花博八百萬人）。瀋陽的花博的「科技」成分，雖比台北少了些，但林園設計的創意巧思還是處處可見。園內因面積廣大，遊客有多種交通工具可以運用，他們大量使用電動車或自行車，力行環保。因整個園區座落在一生態林裡，展場建設於其中，盡量依地形地物，減少破壞。展期過後留下來變成一個常態收費的遊樂園，但因維護費用太高，且冬天雪季需閉園長達五個月，營運當局也很頭痛。

瀋陽與魯爾區各用不同的方式，從以煤、鋼為主的重工業區轉型過渡成現代化都市。魯爾區在一九七〇年代不敵亞洲新興國家，於一九九〇年代轉型時，已衰落荒廢一段時間。但透過國際創意的投入，瓦斯槽變成潛水訓練基地，煤渣山變成社區公園，包浩斯廠房變成設計中心、攝影棚與舞蹈中心，在更新時保留較多的工業遺產，讓人了解其一百多年作為德國軍火庫及重要工業的記憶。瀋陽的工業發展時間稍短，轉型的時間也約晚了十年，不像德國城市原本就較分散地發展，魯爾區內沒有大城市，以鄉鎮景色為主。

瀋陽的工業較集中在市區內，因城市建設的需要，拆遷到更郊外，同時轉型升級成較新技術、規模較大的工廠。市區內已看不出太多工業的痕跡，因其人文歷史的遺產已夠多，且中國工業發展的歷史較短，為應付稠密的人口居住的需要，工業遺跡保留（Industrial Archeology）的優先性就沒那麼高，和德國是個有趣的對比。

（原篇名〈中國的魯爾區〉，載於《創新發現誌》，2011.10）

零售學校發源地——西雅圖

西雅圖文化典型的特性是獨立、創新、尊重人與環境，許多優秀的零售業典範都來自此地，他們提供顧客不一樣的「生活體驗」，並不斷創新，是生活風格（Life Style）的創造者。

西雅圖在「創意城市」及相關排行榜中經常名列前茅，除了山明水秀、適合居住，及大家熟知的波音與微軟之外，在零售業方面西雅圖也有很多創新的公司，且都已成為該品類的代表性公司（reference companies）。從高級百貨公司諾司壯（Nordstrom，全美一百五十六家店）、好市多量販店（Costco，在八個國家有五百家店與四千六百萬會員）、戶外用品REI（Recreation Equipment Inc.，有八十二家店，二百八十萬名自然愛好者會員）、Starbucks 星巴克咖啡連鎖店（在三十七個國家有一萬一千家店，全球每天開五家店的成長）、Amazon 亞馬遜線上書店（年營業額八十五億，去年有五千五百萬顧客從二百多個國家上網光顧）。

學校招募多元異質人才的重要

為何這麼多優秀的零售業典範都來自西雅圖？西雅圖華盛頓大學（簡稱華大）資深教授可沙認為和位於美國西北區的西雅圖文化有關，其典型的特性是獨立、創新、尊重人與環境。而他們又能將這些特性「轉譯」成零售業的價值，包括顧客服務、文化、品質、創意及良心。持平而論，這些業者不完全都是革命性的創新者，但他們在新經濟中努力不斷地調整，發揮零售的核心價值。這些公司都非常深入了解他們的顧客，不只是在店中消費時，還包括他們不在店中消費時，他們如何生活、他們的價值、他們的夢想，因此當他們踏進店裡時，自然能提供他們想要的產品與服務。

西雅圖華盛頓大學就座落在這麼豐富成功的零售業者當中，且這些零售業目前的經營者多是華大的校友，華大當然不會錯過這項稀有的資源，發展其零售管理課程，善用這些校友到課堂上現身說法。二〇〇六年經濟部跨領域培訓班在華大課程的導師行銷教授透納（Turner），他認為這些公司對零售業的洞察都深入到組織，並且表現在交易的每一個細節，例如：星巴克的溫馨壁爐，到好市多簡單的清水泥地板，或是諾司壯的顧客服務。

以諾司壯百貨公司有名的退貨政策為例，有天有位顧客成功地退回該公司從沒有賣過的汽車輪胎（在一九七〇年中期諾司壯曾在阿拉斯加買過一家公司，該公司確實有賣輪胎），但只要對產品有困惑的顧客都可以退貨是其原則。後來這個故事成為最好的廣告，儘管公司當局相當低調，口碑就是這樣一點一滴的小故事建立起來。

宜居城市可吸引校友在此創業

這種「以客為尊」的理念源自諾司壯創辦人約翰・諾司壯一九〇一年在西雅圖市中心開了一家小鞋店，第二代布列克・諾司壯十歲開始就在店裡幫忙客人量鞋。他認為如果你可以成功地開一家鞋店，就能應用到別的領域，從最簡單的招呼客人，聆聽他們的需求，用你的手及膝蓋仔細量他們的腳，到貨架上尋找他們的尺寸。店員不是被動的，要積極地使他們成為我們的顧客，這是打心底及靈魂深處零售業者該做的事。諾司壯的「顧客服務」並沒有擁有什麼專利，就像西雅圖這些零售業者，他們都「說到做到，言行一致」。就像星巴克使全球十萬員工，一致很熱情地賣咖啡，提供一個家與工作場所之間的第三個地方。

亞馬遜宣稱他們是地球上最以顧客為中心的商店，投資非常多的科技，讓顧客在其虛擬的書架中輕鬆地瀏覽。好市多則提供顧客購物暢通的走道、結帳不用等待、退貨容易。ＲＥＩ的店員本身都是熱愛戶外活動，對裝備及衣著都有豐富的知識。

這些業者共同的信念就是提供顧客不一樣的「生活體驗」，這當中包括堅持品質所帶來的價值，還有不斷地創新，讓顧客經常會想來看看有什麼新鮮的有趣的東西，也就是生活提案，及生活風格（Life Style）的創造者。西雅圖華大以他們為榮，希望把這些零售的典範與價值傳授給更多人。

（原篇名〈西雅圖零售學校〉，載於《數位時代》，2006.09）

轉型復興中的羅徹斯特

「光學之都」羅徹斯特，從柯達、全錄、博士倫鏡片等光學相關產業，轉型成以大學教育和服務業為主，靠的是在地創新的原動力，知識與人才替都市帶來再生（Recreation）的機會。

「十年樹木，百年樹人」，一個城市要經歷多長時間的「淬鍊」才會成型？要多少機構持續改造升級才能不斷地創新，吸引人才來生活工作，不至於被邊陲化？從中國歷代的首都之遷移，可看到政治的影響力；從歐洲各大城市的興衰亦可看到文化及歷史的變遷；從美國二百多年各城市的發展，也可看到產業江山代有人才出，文化地理學者佛羅里達依三T（科技、人力、包容）選出來的「創意城市」，其實大小都有。許多城市因某個產業甚至一家企業而興起，當那個產業衰退或企業離開時，城市所損失的不只是工作。

我想透過探討美國紐約上州的羅徹斯特（Rochester）過去三十年其形貌的變化，來看一個中型城市從工業時代轉型到知識／服務時代的歷程。三十多年前我正好在羅徹斯特唸書，當年在中學地理教科書上被稱為「光學之都」。一九八〇年羅徹斯特都會區八十多萬人口中，以光學相關產業的雇主佔了大部分，柯達就雇用了五萬三千多人（第一大雇主），全錄（Xerox）一萬五千多人（第二大），博士倫鏡片（Bausch & Lomb）四千八百人（第七大），羅徹斯特大學及羅徹斯特理工學院（Rochester Institute of Technology）都有很強的光學系所，其中，羅徹斯特大學也雇用一萬四千人（含學生）（第三大）。

從就業人口看城市產學的興衰

二〇一〇年，沒能因應數位科技變化的柯達只剩不到六千人（第五大），全錄剩下七千人（第二大），博士倫剩下一千五百人（第十二大）。羅徹斯特大學成為最大雇主，師生員工有一萬八千人。第二大雇主是食品零售業威格曼（Wegmans）九千七百多人，比三十年前增加了一倍。第四大雇主是羅徹斯特醫院六〇七二人，第六大是藍十字（Blue Cross）保險公司三四七〇人，第八大是羅徹斯特理工學院三〇八五人。從「就業人口」的變化可以很明顯看到製造業的退位，羅徹斯特雖失去像柯達這樣的大雇主，但此城已轉型成以大學教育和服務業（醫療、零售和保險等）為主的城市。這類中型城市的轉型在各國都有，尤其在過去三、四十年重工業、傳統工業從歐美移轉至亞洲之後，歐美各城市要找出其生路，不再靠單一量產，規模很大的製造公司寧願將雇用分散多元化，多一些新興創業，才是持續繁榮之道。

另一方面在中國，富士康成為鄭州、成都的大雇主，正在大量吸收農業移轉到都市的人口。全球生產製造板塊轉移到東歐及亞洲新的工業都市正方興未艾。因此，西歐城市持續轉向以商業、資訊、服務、腦力密集的行業，我印象中較深刻的還有德國的杜塞道夫。此城原來在十七、十八世紀河運時代是萊茵河上的關稅重鎮，河運沒落之後成為西歐通往東歐的商業樞紐，九〇年代再轉型為媒體創意城市。二〇〇六年，全市即有三八％的就業人口是在電視、電台、報紙、媒體、廣告、設計相關行業，尤其原來的碼頭區搖身變為國際建築大櫥窗，五十棟左右的碼頭倉庫變成建築設計師發揮的空間，奧美廣告、三宅一生、資生堂在此都設有據點，是很有特色的一個轉型。

大學的知識與人才是在地創新的原動力

魯爾區重工業地景的轉型是一個更廣大區域的改造，也是大家較熟悉的例子。英國的利物浦、伯明罕、曼徹斯特等早期的工業城鎮也都經歷衰敗，再浴火重生，成為有生命力的新城市。在這轉變過程中有一個現象，就是當地大學所扮演「中流砥柱」的角色，「跑得了和尚，跑不了廟」，相對於其他機構，大學是根植於在地。在城市衰退時期，大學如何力挽狂瀾，維持其學術的執著與創新，繼續吸引住好的師資與好的學生，為地方孕育及「儲備」下一代新的資源與活力。魯爾區在二十世紀末能接引新能源或設計等產業，和它在一九七〇年代中陸續成立五所大學（如：Dortmund、Bochum）有關。在此之前，魯爾區四、五個世代都以煤、鋼為業，他們的子女要上大學，須遠赴阿亨、柏林、科隆這ABC三地（Aachen、Berlin及Colon），都在二百公里之外。經過一個世代的累積，這些大學師資及學生成為其轉型的基礎，擁有豐富的在地人力資源也是新興產業、新企業選擇落腳的重要考量之一。

以羅徹斯特大學為例，三十多年前在商管方面是以財金、會計為強項，當然在其他的理、工、醫及社會科學許多科系也都維持一定（前二十）的水準。我最近收到的學校刊物，校長強調羅徹斯特在佛羅里達「大西洋城市」的調查中，獲選為美國十大音樂城市中的第九名。柯達創辦人留下的「伊士曼音樂廳」是大學音樂學院及羅徹斯特交響樂團的基地，且城內一年四季有各式各樣的藝術節慶活動（服裝、藝術、電影、音樂、爵士樂及藝穗節），吸引全國各地，甚至國際人士來訪。比較有趣的是伊士曼並無子嗣，死後將其財產大部分捐給羅徹斯特大學，使這原屬於區域性的大學能逐步成長躋身一流大學的行列，並帶動整個城市的發展。他所創辦的柯達在過去一、二十年歷經衰退，但這個城市還能頂得住，是由強調創新創業的大學，替都市帶來再生（Recreation），以及靠他所留下的音樂廳等「文化資產」，帶給城市文藝復興（Renaissance）的機會。

（原篇名〈轉型中的城市〉，載於《經理人月刊》，2013.04）

最有魅力的風景是人

城市不在大，只要有動人的故事、或有魅力的人物，就能吸引人。不同的秉賦、天然資源、人為資本、歷史文化古蹟、市民的認同，以及「共同的想像」，創意城市方能成局。

智慧城市、宜居城市、幸福城市、創意城鄉、魅力城市各有不同的評鑑指標，也針對不同的價值與目的。不過相同的是對土地和人民實質的生活有更多的重視，不會流於總體經濟，只針對整個國家的衡量，而對地方及人民卻相對無感。不過即使以上這些概念是以城市為單位，且強調貼近人民生活的感受，但不同的學者、專家對相似指標的詮釋和表達也十分不同。

有一次在南部成大舉辦的創意城鄉的國際研討會中，發現台灣的報告人，包括文化局長、觀光局長，投影片中是以歷史、古蹟、建築、民藝、工藝等器物（artifacts）為主，而外國的報告者投影片上都是愉悅的人及其微笑的臉孔，強調地方的宜居（livable）、可愛（lovable）及幸福快樂（happiness）。

城市資本的類型與衡量

一方水土一方人，當我們在觀察一個城市時，首先當然是其自然山水的秉賦（natural capital）；人為的努力（man-made capital）很重要，包括基礎建設、歷史建築遺跡等；人力（才）資本（human capital）則代表能吸引了什麼人在此生活、工作；以及這些人之間的互動所形成的社會資本（social capital），後二者都較是「以人為本」的思考。

有形的東西容易衡量、觀察與保存，無形的資產較難掌握、維繫及表達。就像我們在爭取世界設計之都、或各國在爭取奧運（二〇一二英國倫敦、二〇一六巴西里約熱內盧）時，投標影片的主調多半會以這個城市的「人」為核心，不只是優秀的專業選手（設計師、運動員），各行各業、男女老少都熱烈歡迎這場盛會，尤其因在爭取時都是活動的四、五年前，是未來導向的促銷，因此年輕人甚至小孩（未來主人翁）才是重要的主角。

林月雲教授《魅力城市》介紹了七個創意城市，百年工藝之都——日本金澤（Kanazawa）、美食之都——瑞典厄斯特松德（Östersund）、工藝與傳統藝術之都——美國聖塔菲（Santa Fe）、古典歌劇之城——西班牙賽維利亞（Sevilla）、世界數位藝術總部——法國里昂（Lyon）、文學的搖籃——英國諾威治（Norwich）、電影之都——英國布拉德福德（Bradford）。林教授在前言用瑞典「美食之都」厄斯特松德的一位餐廳主人Fia，努力為促成這件事的故事揭開序幕，「人」其實是城市中最重要的關鍵，人才會帶來城市的活力或魅力。

這七個城市都是「聯合國教科文組織」所登錄的創意城市，聯合國成立已七十年，七十年來國際政治、經濟及科技、環境、國與國之間競合狀態都有很大的改變。聯合國對國際間政治紛爭的解決逐漸力有未逮，但為了全人類之間的和平、合作及相互學習，最適合、可行的單位可能是在城市的層次，而且交流、互動的主題可能是科學、教育、文化這些非零和的項目，較能超越國族的界線。

「山不在高，有仙則名」，城市也不在大，只要有動人的故事、或有魅力的人物，就能吸引人。書中這些城市多是中小型城市，反而「大都市」過分多元的發展，不容易聚焦其「特色」。像紐約、倫敦、巴黎、柏林，或東京、首爾、上海都是地域廣大、人口眾多且密集，等於是好幾個城市的組合，哪一個特色才代表這個城市，反而會因民主程序，在議會或輿論上吵個沒完沒了。中、小城市因必須凸顯其特色，才有機會勝出，反而較易形成共識與認同，得到國際間的注意或爭取到頭銜。

比得獎或頭銜更重要的事

但話說回來，這些城市很少是以得獎（頭銜）為目標，而是某些人為了其理想、夢想，強烈的動機、使命感驅動他們去做他們想做、該做的事。當然這些事多半能結合該城市不同的秉賦、天然資源、人為資本，與歷史的、文化的古蹟，市民無形的認同，加上一些「共同的想像」才能成局。

台灣過去以小吃、美食、夜市而自豪，也申請到「世界設計之都」，但這次的食安風暴讓台灣在國際間的形象大打折扣。廣義的設計包括法令、規章、企業治理、消費者的覺知，如何透過「設計」建立一個能持續吸引國際人士來台，也讓在此生活及工作的人安居樂業的環境，是當務之急。

書中城市的經驗應能對台灣不同區位的城市多少有些啟發，雖然我們不是聯合國會員，但若能更實質達到那些境界，亦會有國際媒體的報導，亦會成為世界上受人歡迎的好國家。過去我們比較追求經濟上的競爭力，以廉價的勞力為代價，做了很多附加價值不高的東西；當我們所得逐漸增加後，未來要追求的，除了經濟及外貿的競爭力外，更要兼顧及重視生活及環境的品質，且能確保永續發展。這七個城市都不是在經濟或政治上非常顯赫，但相信它們的市民都是很愉快的，且認同自己城市的特色，讓我們看到「價值多元」的可愛，台灣亦若是。

（原篇名〈最有魅力的風景是人〉，載於《魅力城市》，時報出版，2014.11）

城鄉之間——埔里去來有感

九二一災後復原的社區、紙教堂、水沙連、水摺里的歷史文物、廣興紙寮、地母宮等，埔里的風土人情，讓人看到了台灣的土地和人民的生命力。

二〇〇八年十一月有機會與「台灣創意產業加值協會」到埔里一遊，我們看了九二一災後復原的社區、紙教堂、水沙連（神戶地震後的紀念教堂，該年遷建來台）、水摺里的歷史文物、廣興紙寮、地母宮等。在二十四小時之內目睹了和台北完全不同的風土人情，確實看到了台灣的土地和人民的生命力，與台北政治上的紛紛擾擾、經濟上的不安與焦慮截然不同。台灣若能穩健持續發展，要感謝的似乎是這些在地方基層打拚的人。在回來車上的分享，有人講到一半還哭了，我們這些每天坐在高樓大廈、冷氣房裡，自以為在運籌帷幄（務虛）的人，和這些點滴在努力（務實）的對比實在太強烈了。

上一次能這麼深入和地方互動已不知是多久以前的事了。每次出差到台中、台南、高雄，因高鐵很方便，幾乎都是當天往返，沒給自己機會安排多與在地互動。在台北久了，很容易養成「從台北看天下」，看輕了台灣在地的韌性，以及其創新的潛力。埔里的地理交通位置稱不上方便，但有很多愛故鄉的人願意在那為自己的土地打拚。反而台北市太大了，時常搬家，鄰里間互相都不太認識，生活上的社群多半是來自專業或工作上的認同，而非鄉親土親。台北市的「土地」都被「柏油路面」覆蓋，和市民之間的感情比較無關。

深度經濟與原真性

在台北的經理人，注意國際市場的變化，追逐最新科技的發展，但對台灣最真實及生命原創力可能並不十分了解。在追求國際化的同時，如果「在地的」深度與能量不足，不太能夠建立出獨特的價值，讓你有競爭力。《海角七號》、《那些年，我們一起追的女孩》電影的狂賣，有一部分是因為它觸動了許多人原真性

（Authenticity）那條心弦，可以感動人的元素與故事，以及其所屬的時空脈絡，一定是出自這種根源。

台北市的生活步調，很容易讓一般的上班族淪陷在人為的「例規裡」打轉，而不自覺，甚至覺得人在江湖，身不由己，都市生活的「江湖」就是這樣。其實真正的工作與生活不一定要如此，「新故鄉基金會」廖嘉展夫婦他們將「細活」拆解成糸、田、水、舌來闡述他們的理念，被移植來的紙教堂被安置在一個與「在地對話」精心設計過的基地，賦予了新的生命。我們在埔里認識了一些文史工作及社區營造的朋友，他們的創新有些或許為了解決當地急迫的問題，不一定能複製到其他情境，但都是很真實的。反而在台北的很多創意其實不一定就有較大的視野，且不一定能落實。

當然鄉間也不全然是如上述所描繪都是正面的契機，當日正逢「地母宮」聖誕前，香火鼎盛，從各地方前來朝聖的人多到無法想像，一般人根本無法擠進去。附近闢有十個停車場，每個停車場都能停超過一、二十部遊覽車，且需動員相當多的義工來指揮交通，但廁所則相對十分不足。回程在省道休息站中不免遇到這些遊覽車的進香團，而休息站的廁所是人滿為患，不知我們如何拿這樣的設施來迎接我們的觀光客倍增，或會給大陸同胞什麼印象。

城鄉之間應有更多更真誠的互動，才能分享雙方的特色，達到資源互補，使台灣的發展更平衡、更永續。

（原篇名〈城鄉之間〉，載於《經理人月刊》，2008.12）

追記：嚴長壽的公益平台基金會吸引了許多都會區的專業人士，在偏遠的東海岸淨土找到新的意義，這批台東的台北新移民對當地的地景及生活帶來新的風貌，也活化了部分的地方產業，很多新的教育元素也被引進，原住民及新住民能不能共同創造不一樣且雙贏的未來，值得拭目以待。

創新野宴的光與能量

阿姆斯特丹的「威斯特瓦斯廠」建於一八八三年，曾是荷蘭最大的燃煤瓦斯廠，空間整頓後定位成一個具有國際吸引力的文創「熱點」，再度為城市帶來「光」與「能量」。

二〇〇九年初秋來到阿姆斯特丹參加PICNIC，這不是一個普通的野餐（Not your ordinary PICNIC），也不只是一個研討會，而是一個令人震撼，且可能改變人生的經驗。三天總共超過六千人次的參與，其中一半來自二十六個國家的外賓，包括企業、科技、新媒體、娛樂業、科學、設計與藝術的專業人士齊聚一堂、相互啟發，激盪創意與競飆創新的點子。簡單的說是歐洲版的TED。

今年的主題是在金融危機後，新貨幣、新媒體（遊戲、社會媒體、手機），及如何重建金融體系、都市規劃等，非常多元跨領域的主題。大會邀請了許多世界級的演講者，如皮克斯（Pixar）的麥可江森、IDEO的知識長安德伍、MIT媒體實驗室的尼格羅龐帝、Skype的創辦人詹斯頓等。馬不停蹄地聽了五十七位十～三十分鐘的演講，此外在會場還透過許多互動展示各種新穎科技，大會也提供各種社交與連結的機會與場合，這些活動都是在一種很酷、開放、友善的嘉年華會的氣氛下進行。

值得傳播的創意大會

要在一個怎麼樣的場地與空間才能達到以上的效果？這個位於阿姆斯特丹城西郊外的「威斯特瓦斯廠」建於一八八三年，曾是荷蘭最大的燃煤瓦斯廠，提供整個阿姆斯特丹城市「街道照明」及「建築暖氣」。廠區有十四公頃之大，幾乎是城中城，因此其建築設計被視為很重要，其風格被稱為「荷蘭式文藝復興」。在一九六〇年代瓦斯廠停工後，由於整個廠區汙染很嚴重，不易找到新的用途。直到一九九二年陸續舉辦短期的文化及創意活動，有些前衛的藝術家及創業者進駐在此辦過活動，逐漸成為創意及創新人士聚會的場所。

這個空間與創意能量，對號稱為「創意城市」（City of Creativity）的阿姆斯特丹來說是很重要的。整個基地被有計畫地清理，整頓為公園及開放空間，定位成為一個具有國際吸引力的文創「熱點」（Hot Spot），再度為城市帶來「光」（Light）與「能量」（Power），這個改造計畫也成為一個成功「工業遺跡再生」的典範。創意及文化創業家在此基地進駐工作，有些空間則出租來舉辦各種大小型的活動，如嘉年華會、公司宴會、演講、劇場或展覽，越來越多有名的大型活動，如「跨媒體週」（Crossmedia Week）、阿姆斯特丹時裝週（Amsterdam Fashion Week）及冬季大遊行（Winterparade）等。

配合這些大型活動，除了可出借的空間，更重要的必須有「足夠」的餐飲設施，在公園內有好幾家餐廳、快餐店及酒吧，也能由臨時的快餐車來補充大會餐飲需求。

直徑超過六十公尺的「圓形大瓦斯槽」是此次大會的行政註冊與交流中心，擺放了很多可以讓大家坐下來休息的野餐桌，包括大會講台等區域，也鋪上草皮來呈現野餐的情境。本屆大會並以紅白相間的格子「野餐布」為大會的意象，充斥在海報、會場布置、演講者出場時的引導秀。

研討會開場，暖身的創新

三天大會的「開場」都很「別出心裁」，第一天是由薩克斯風的演奏，開啟音樂作為一種跨文化的傾聽。第二天是以三位來賓在台上玩電動，揭開主題「虛擬世界遊戲」的序幕，第三天則是由曾在蘋果電腦及微軟服務過的作家林達史東，教大家呼吸，來解除資訊（電子郵件）「超載」的失眠症，台灣類似活動的開場似乎還沒有這麼創新。

受邀的貴賓絕大多數是美國及英國的專家，只穿插了約五、六張東亞及阿拉伯世界的臉孔。這可能和英語作為表達工具有關，但也可看出在國際創意經濟裡還是以英美人士比較領先，且在主導。在美國舊金山舉行多年的TED大會是一個重要的舞台，台灣要如何讓我們的創意，也有可能在這類的國際舞台上發聲？

（原篇名〈創新野宴，就在荷蘭文創園區〉，載於《創新發現誌》，2009.11）

科技立國、創新造鎮

沖繩以觀光為主要產業，具有較佳的英語環境及多元異國文化的交流，將世界先端科技寄予厚望的研究中心設置於此，就像在沙漠中築起娛樂之都拉斯維加斯的傳奇一般。

二〇〇五年「日台經濟協會」辦了一場「台日科技、經濟與永續發展研討會」。會中日本前科技大臣尾身幸次議員，也是前沖繩長官，主講「日本的科技政策」，當中有一段提到「沖繩科學技術大學院」（OIST）的設置。在二十一世紀的今天再去創設一所高等研究機構，是目前台灣政府組織「改造瘦身」之際最不願去做的事。

日本從「模仿到創新」、「追趕到超前」，在許多領域必須自己進行前瞻性科技前沿的研究，做這種研究的環境與研究者的類型，和傳統的氛圍似乎需要有所不同。因此，十年前日本不同於以往的大學，以未來理想之場域為導向的「北陸先端科技學院」，就設立在溫泉及海鮮著名、面日本海的金澤，主攻「知識科學、情報科學、材料科學」三個先端領域，吸引了多數學者及學生在當地研究。在二〇〇四年迅速將國立大學法人化的同時，日本政府再成立直指國際一流研究中心的ＯＩＳＴ，透過這些制度與機構的設置來落實「科技立國」的理念。

二十一世紀的高等學術研究

ＯＩＳＴ必須是國際的，面向全世界，因此一半以上的研究生及教授都將來自國外。ＯＩＳＴ的教學與研究的領域將環繞在以生命系統為中心的議題，包括生物學、物理學、化學、計算、奈米科技等融合的領域。為了成為世界先端科技界寄予厚望的一個據點，也使沖繩成為亞太地區的頂尖頭腦群聚的地方，需要許多創新的作法。

大家一定會很好奇為何要將這樣「前進」的機構設置在離日本本土資源這麼

遠的邊陲小島，有機會成功嗎？沖繩人口一百三十五萬人，以觀光為主要產業，本來就有較佳的英語環境及多元異國文化的交流。知識經濟人才的進出以機場為主要轉運，和在工業經濟中以貨暢其流，需要的基礎建設與資源全然不同。只要打造優質的生活、生態環境，對頂尖頭腦有吸引力的研究題目及研究環境，或許有機會達成任務。這個新的嘗試就像在沙漠中築起娛樂之都拉斯維加斯的傳奇，有異曲同工之妙。

OIST以創新的「大學法人」型態進行特殊營運方式：日本政府對其給予充分的財政上的支援，以公設民營同時強調國際化的營運方式，全校授課講義、會議都以英語進行。校長及教授歡迎外國人來擔任，招收的學生半數以上為外國人，強調與全球一流大學、研究機構，尤其是亞太地區的大學、研究機構聯繫，並與國內外企業，以及有魅力的產業進行合作。大學院周邊則吸引國內外研究所及新創企業的進駐，形成知識產業的群聚。

此一計畫在二〇〇一年六月由尾身議員提出，二〇〇二年在沖繩回歸日本的三十週年紀念典禮上小泉總理宣布設立的構想，八月即由參議院議員有馬朗人主持籌備。到二〇〇三年六月經過八次構想檢討會，同時也平行召開諾貝爾獎級的

「國際顧問會議」，連續在洛杉磯、沖繩及舊金山召開（最多一次曾有八位諾貝爾獎得主參加）。由於這些人的加持與號召，目前也確定由美國 Salk 研究所的教授西德尼・布倫納（Sydney Brenner）擔任校長。

我已在多次的場合聽到日本的催生者談到此一二十一世紀的「科技造鎮」計畫，雖然從七〇年代的筑波起日本就有過一連串「科技城」的規劃，但顯著成功的不多，ＯＩＳＴ的發展值得我們注意。

（原篇名〈科技立國、創新造鎮〉，載於《數位時代》，2005）

追記：日本沖繩科學技術大學院是一所頂尖專注的研究機構，每年只接受約二十名全職研究生。至二〇一四年底，OIST有超過三百六十名研究人員，其中一百七十名國際性人員，二百三十名行政人員。研究領域包括化學、環境與生態科學、海洋科學、數學與計算科學、分子細胞與發展生物學、神經科學、物理學，目前有專任教授約五十人。現今學制為博士生第一年需輪調於三個不同的研究單位，學習基礎與進階課程；第二年才開始研究論文主題，並在論文研究單位中研究，設有資格考試，決定候選人資格；第三年至第五年則是持續研究論文主題直到完成論文審查。

除了提供博士生卓越的硬體設備以外，也提供一個安全並充滿吸引力的環境，校內優良的設施及服務，包括校內住宿（Campus Village）、資助學費、健康照護、育兒中心、校內自動車租借等，這樣優渥的學習環境會帶來什麼樣的科技突破？又會對沖繩帶來什麼影響？

東京的寧靜革新：在新舊相容中求變化

從汐留、六本木之丘、中城、到晴空塔，東京都心不斷地更新發展，但仍盡可能保留地方的記憶，城市的文化底蘊，加上與時俱進的新概念、新元素，是東京令人百去不厭的原因。

我第一次去東京是一九八一年夏天，因工作關係，到東京郊區的「家庭餐廳」連鎖店見習、觀摩，也經常去考察周遭的各個競爭業種、業態。假日也會進到都心區內的多元商業中心，如銀座、新宿、涉谷、池袋、赤坂、品川、上野、六本木、東京車站、山手線上的大站及丸の內的熱點等。之後因公私不同目的之行程，去過東京少說三十次，曾住在不同區的旅館，對東京市中心有一定的熟悉度。查了一下網路，不像京都歷史較久，城市規模不大且較自戀，因此有「京都學」形成；但東京地域太大了，有多元中心，只有「江戶東京學」較明顯。

三十多年來，從東京新都廳遷移到西新宿，原址改建為國際會議中心，汐留、六本木之丘、中城、到晴空塔，大規模的「都市更新」一處接一處悄悄地在進行。不過東京地域夠廣，還是有許多熟悉的地景是不變的容貌，如：日本橋、皇宮二重橋、國會議事堂、淺草寺、明治神宮。大家喜歡去的時尚大街「表參道」的行道樹也不變，但個別的建築，其實不斷地在「換膚拉皮」，兩旁巷弄內的商店也常進行改裝。

修舊如舊，舊瓶裝新酒

「東京車站」去年底慶祝其一百週年紀念，經過一番整建，地上物只加蓋一層樓，恢復當年最早設計的原型。倒是地下開挖了許多通道與廣場，可以舉辦許多活動並快速集散人潮。今年年假我花了比較多時間在車站南口附近蹓躂，這個區域基本上是三菱集團發跡之地，翻新蓋了很多高樓層的辦公室。在這個區域有許多在低樓層的部分還將歷史建築整個保留下來（如其一號館），或者至少留其立面，在步行道的視覺上還能感受到部分昔日的意象。高樓層在設計上也盡可能退縮，增加在北國很需要的日照機會，也用了很多帷幕牆，對街相互映射，隨著角度及光影產生不同的畫面。

剛落成不久的郵政總局改建，也保留原先六層樓舊建築的部分，並設計出一個挑高六層樓的室內公共空間，三面構成的一個新購物商城。更有意思的是，在一、二樓的一部分設計為一個展覽館「intermediatheque」，由館藏豐富的東京大學博物館提供部分展品展出，各類動物標本的收藏，令人嘆為觀止，這種學術的積累與維持是騙不了人的。在商業空間植入文化學術較嚴肅的物件，是社會成熟的表徵嗎？

我發現東京都心雖然不斷地更新發展，但仍盡可能保留地方的記憶，像三菱一號館紅磚樓就成為一個美術館；明治安田保險公司的大樓也成為「重要文化財」，大廳地板黑色大理石明亮如鏡。這樣規格的建物，其設計和用料至今都還很珍貴，可看出企業主每年都有相當的投資在維護這個資產上。反觀台灣的歷史建築，能妥善管理維護運用的並不多，華山、松菸是過往酒廠與菸廠區內較粗糙的倉庫或工廠，監察院、台北賓館的規模有限，總統府算是最大氣的了。較像樣的「辦公廳」在台灣似乎沒有也沒真正存在過，重慶南路的台灣銀行幾乎是碩果僅存了，這反映出台灣當時的經濟活動水平，以及日後社會對歷史資產的重視程度。

文創空間添增都市趣味

這次發現有兩個新的文創景點，分別利用原高架鐵路或電車軌道下方的空間：秋葉原 2K540 及神田萬世橋（mAAch）。兩者都有許多文創產品的店鋪進駐，有些帶有工作坊，可由職人演出或說明其工藝製作過程，增加趣味性及購買「故事」或「意義」的意願。特別有創意的還有 mAAch 二樓在二個軌道之間的輕食餐廳，用餐之間會有多輛電車疾駛而過，是一特殊的空間經驗。

這三十多年間，東京新的美術館、文化展演場所也不斷地增設，當國民所得增加時，除基本的交通建設、高級公寓、辦公大樓、零售購物空間之外，藝文場所的數量與品質是不可忽視的一塊。城市裡藝文創作的人多了，欣賞的素養也會逐漸養成，需要有空間展示創作、橋接藝文賞玩的供需兩端。

城市裡重點大學也是其地景的要角，東京大學（神田）、早稻田（高田馬場）、慶應（三田）、一橋（國立）等基本上都比較含蓄，與鬧區都有一段距離，以保持其學術與世俗的獨立性。各個校園內的歷史建築多是以西方的樣式為重，顯示在亞洲現代化過程中，西學東漸的印刻。雖然新的校舍也不斷增建，但其傳統意象的精神堡壘都依然如舊。晚近設立的學習機構，則以較新的面貌散落在都心內的各個角落。

世界級的都市（cosmopolitan）紐約、倫敦、巴黎、柏林，其容顏各有特色，東京的發展相對較晚，且經過一九二三年關東大地震及二戰的轟炸，在二戰後的建設及經濟快速成長，在亞洲算是先行的領先者。不同於後進香港或新加坡，東京的文化底蘊更多，保存得也較好，但新的概念、新的元素絕不遑多讓、與時俱進，這是東京令人百去不厭的原因。

一個城市要能吸引人，除了現代化、當代的方便性外，主要是其獨特的歷史文化及新穎性，而且要有一定的多元性、豐富性。對西方人而言，可能是異國文化的邂逅（如《菊花與劍》*The Chrysanthemum and the Sword*）或解謎（如電影《愛情，不用翻譯》*Lost in Translation*）。但在亞洲人來說，東京則是「創新的提案者」。雖然過去二十年日本的經濟地位大不如前，但其創新及都市更新並沒有間斷。上海、深圳的「新」很容易被看到，東京的「變臉」則是在新舊相容中求變化，進行一場寧靜的革新。

（原篇名〈東京的寧靜革新：在新舊相容中求變化〉，載於《經理人月刊》，2015.03）

第十二號礦區是魯爾區規模最大的改造更生計畫，以「藝術、文化、設計」為主軸，成為一個創新典範，埃森因而榮獲 2010 年歐洲文化首都。上世紀初包浩斯美學和後工業化時代的設計可完美的結合，紅點的第一個設計博物館即設在此。

馬賽、普羅旺斯地區獲頒 2013 歐洲文化首都，配合這個頭銜，港邊的公共空間展出許多達利的作品。碼頭上大型的裝置藝術，鏡面式的不銹鋼遮陽天花板，倒影出漁船與風景，別有一番風味。

NICCOLA PISANO

右上：佛羅倫斯有名的橋屋。

右下：佛羅倫斯街道上俯拾皆是藝術品、古蹟。

左：比利時古城布魯日，因中世紀黑死病被隔離較久，反而保留了許多原汁原味。

REFAC

右上右：杜塞道夫從河港關稅重鎮，轉型為「媒體港」，許多重要傳播事業，都在此落腳，文創時尚也跟進，包括三宅一生的店。

右上左：杜塞道夫曾是奧美廣告歐洲總部，也是許多日本商社前進中歐、東歐的基地，此地有許多道地的日本料理店。

右下：杜塞道夫河港碼頭成了國際建築競技的舞台。

左上：西雅圖的戶外雕塑公園，創意城市為何會地靈人傑？不同世代都有新的創造，與時俱進，逐漸累積成為經典、傳統。

左下：除了Costco、Nordstrom、Amazon和Starbucks，在西雅圖創業發跡的還有REI戶外休閒用品零售公司，其總部有各種體驗設施，包括這個攀岩場，有教練在旁指導，消費者也成為賣場的表演者。

Premium Sponsors
vodafone
NATIONALE POSTCODE LOTERIJ
upc
Microsoft
Gemeente Amsterdam
Welcome to
PICNIC '09
not your ordinary
PICNIC
I am

右上：在歐洲工業化時代不可或缺的瓦斯槽有多種不同的命運，在阿姆斯特丹郊外的這個成為文創園區內的會展中心，直徑 60 公尺以上的瓦斯槽可以舉辦各種大型活動。

右下：歐洲的類「TED 活動」，PICNIC 不是一般的野餐，更多樣豐富的議題，更多元的參與者，在這文創園區舉辦特別有味道。

左：原來是供應阿姆斯特丹瓦斯、照明、熱氣的工廠，被其他能源替代後，轉型為創意創作空間，新「光與熱」的能量來源。

右上右：三菱一號館內的博物館，早年引領西方時尚洋服，是日本的生活現代化的提案者。

右上左：東京萬世橋鐵道下的創意市集，有很多獨特的文創店鋪，展示空間也特別有韻味。

右下：丸の内東京車站南口的三菱大樓，此財團在此有不少房地產。前面舊洋房是三菱發跡的一號館（第一棟辦公大樓），現在是一個美術館。

左上：東京中城三宅一生 21/21 美術館，每次策展都非常有創意，是到東京的必遊之地。

左下：秋葉原高架鐵路下的空間，轉化成文創市集，扭轉了區域部分的氣質，吸引了背包客及文青等新客層。

21_21
ここで
デザインの
展覧会を
しています。

2k540
AKI-OKA ARTISA

第二部

形塑觀光與體驗的未來

Shaping the tourism and experience economies

遊輪的體驗經濟

遊輪是「體驗經濟」的最佳典範之一，其設計及空間安排，餐飲、工程、娛樂等軟硬體及服務的整合必須適合各種需求，才能組合成一個無縫式的絕佳休旅環境，提供美好的體驗。

二〇一三年八月份在地中海搭乘遊輪十二天，從巴塞隆納上船，經過馬賽、佛羅倫斯、羅馬、那不勒斯、伊斯坦堡、雅典，最後在威尼斯下船。拜訪囊括了這些歷史課本上重要的都市，稱得上是一次文化上的饗宴。同時體驗了搭乘遊輪的旅遊方式，有機會從旁仔細觀察，遊輪這個大家比較不熟悉的「行業」，我想簡單地分享遊輪的「體驗經濟」。

我們所搭乘的皇家公主號（Royal Princess）是一艘新船，此行是她的第三次航程。此船毛噸位十四萬噸，身長三百二十公尺、寬三十六公尺，十七層樓高，可載客四千二百人，船員最多有一千三百七十八人。其實遊輪的豪華程度不一定和規模成比率，客人與服務人員的比率是更貼切的指標。以每名客房服務人員負責十八個房間的清潔，光是打掃一千八百個房間就要一百人。

大型複雜服務系統需軟硬兼顧

在海上這麼龐大的旅館其實是非常複雜的營運系統（operation system）。船上有四部發電機，供應照明、冷氣，加上游泳池、洗澡、衛生下水道等水電工程，其維運比陸上的條件要更嚴苛一些。乾淨的床單、浴巾，新鮮的食材、用水，換洗與廚餘同時存在有限的船艙中，雖然每天靠岸時可以得到補充，但呈現給遊客看到、聞到的都必須是新鮮乾淨的狀態。

四千位客人加一千三百名員工在海上的飲食，質與量都需要兼顧。除了隨時供應的頂樓大眾自助餐，有桌邊服務的餐廳、各種吧台、咖啡點心，可滿足不同需求的客人。廚房及餐飲服務人員共四百六十人。晚餐若登記在餐廳使用，則分六點及八點半兩梯次，在服裝上要求smart casual，只有二個正式晚宴要求大家著小禮服。每晚都有當天的菜單，包括前菜、沙拉、湯、主菜、輕食及甜點，你若不喜歡，還有常用菜色。

桌邊服務生幾天下來都熟了，了解你的習性，相處十分愉快，我們會多點些紅、白酒來助興，給他們做業績，他們也會主動提供私房菜來示好（如炒飯、炒米粉）。服務生中，中美洲和菲律賓籍的還不少，語言是基本的要求，待遇還不錯又可以周遊列國。

十二天除了二天趕的行程較遠，沒靠岸，全天在船上稱作海日（sea day），其餘每天都在清晨停靠不同的港口，傍晚收錨啟航，利用夜間趕行程。旅客在不同國家登岸，原則上要通過海關、移民局，目前歐盟國家之間的旅遊已無邊防，當然較方便。但船方還是需管理多少人上船，多少人下船，沒有閒雜人等混入或有人遺失脫隊。第一天登船後，每人發一張通行證兼房卡，有一組條碼是你的大頭照，以茲上下船時辨識。這張卡也是簽帳卡，在船上完全用不到現金，隨時可以去刷你到目前為止的簽帳記錄，最後一天離船時，如果你的記帳無誤，就按金額從信用卡支付，也不用再到櫃台結帳，省去許多時間與成本。

遊輪是「體驗經濟」的最佳典範之一，除了帶你到不同的港口、城市，其他時間都待在船上，因此船上的活動安排就很重要。每晚在主表演廳有歌舞、魔術、雙人鋼琴、男高音三重唱或弦樂四重奏等各式節目，在大廳或游泳池畔也三不五時有不同的表演。賭場是另一個基本的娛樂，還有兩次西畫拍賣，另有健身房、SPA，也有藝術、品酒、城市導覽的課程。房間裡有一百部以上經典或最新的電影供你選擇，頂樓的游泳池畔更有「戶外星空」電影院，視聽效果還很不錯。

創造回憶是體驗經濟的核心

如果體驗經濟賣的是「回憶」，那留住回憶的最佳途徑就是「攝影」。因此攝影部門約有二十人，爭取各種場合讓你留念，每個人至少會有十張，先幫你拍，再讓你選。我自己此行拍了七百多張，約三分之一是在船上的不同場景與角度，可供記錄及回憶。其他是岸上的城市風景。上岸時也有套裝的陸地旅遊行程（land excursions），考慮到不同旅客的需要，有較輕鬆（easy），普通（M），到比較緊湊的（strenuous）。除了馬賽和伊斯坦堡，我們都自己搭公共交通工具自由行，參訪歷史古蹟或教堂之外，我們也特別去看了幾個美術館，大老遠跑來只為視覺及藝術上的饗宴。

我粗估十二天的行程，它的總營收應超過一千萬美金，當然成本包括直接食材、耗材、直接／間接人力、燃料成本、碼頭靠港費用，折舊也是大宗。遊輪本身的設計及空間安排和造價有關，以晚會表演舞台為例，它必須設計成適合多種演出的需求，透過多用途的道具及數位投射技術，產生千變萬化的背景，不同藝人在不同碼頭上下岸的銜接和樂隊的配合，自成一個生態圈。這些軟硬體及服務的整合的確是個複雜系統，餐飲、工程、娛樂各自有其專業，但組合成一個無縫式的休旅環境，提供美好的體驗，還是有一些獨到的訣竅，不是門外漢容易入手的。

法國馬賽那一站，是停在鄰近的土倫港，約十分鐘車程，爭取到每天數艘遊輪的停留，一萬多人的補給，下船旅客在當地的服務與消費，會帶來許多經濟效益；比起其他的交通工具：飛機、火車、汽車，要迎接一萬人的到來，可能相對輕鬆。迎接大船的海關航廈也可「共構」成購物中心，就像其他的交通轉運站。

遊輪從鐵達尼號的印象到今日已有超過百年的歷史，其間有很多科技的進步，服務流程上也改進許多。若你不想天天拉車、天天換旅館，自己控制步調，搭乘遊輪是不錯的選擇。

（原篇名〈地中海郵輪初體驗〉，載於《經理人月刊》，2013.01）

創造服務體驗的福斯汽車城

福斯汽車城是一個以汽車為主題的旅遊樂園，把創意空間、展示介面、環境再造，融合到一種創新的體驗經濟，包括親子共遊樂趣、流程體驗，不僅為品牌增值，更促進了地方經濟。

台灣過去以電子製造業的競爭力聞名國際，在全球化浪潮的驅使下，許多企業努力轉型到高附加價值的服務類型，以站穩更佳的戰略位置。國內轉型的經典案例之一為台灣積體電路公司，台積電董事長張忠謀領導台積電成為全球第一的晶圓代工企業，並且在推升企業競爭力的過程，把台積電轉型成以「服務」為主的企業；如今，他不只是台灣「晶圓代工之父」，應是全球「無晶圓廠晶片設計之母」。

由於台積電在知識涵量上的領先，它不僅在後端的代工，甚至連前段的設計都已經涉入，目前它已在半導體代工領域擔任知識整合、產能整合的關鍵者，雖然台積電仍是一家製造公司，但是它的精神與內涵可說是以服務為導向的企業。

製造轉型服務的契機

許多以製造為主的企業都紛紛轉型，尋找提高競爭力的著力點，其中不乏像汽車業這種傳統的製造業。近幾年來，由於全球農產品高漲、油價頻飆升，加上美國次級房貸所引發的消費力衰退，以及環保議題再起，全球的汽車業的銷售普遍受挫。然而，汽車業真的只能藉由汽車「製造」來獲利嗎？它是否可以提供另一種服務體驗？從德國福斯汽車城（VW Autostadt in Wolfsburg）的建置，或許可以找到一些答案。

福斯汽車城位在福斯汽車總部的狼堡市（Wolfsburg），佔地二十五英畝、耗資一百三十億台幣，是一個以汽車為主題的旅遊樂園。從二〇〇〇年六月正式對外開放，目前每天參觀人次大約六千人，整個汽車城營造出一個「身歷其境的汽車世界」。一般來說，客戶買新車要取車時，通常會以鄰近的車廠為考量，但是福斯汽車把客戶取車的過程設計出體驗式行銷的方式，並吸引消費者到福斯汽車城取車，且提供折扣。福斯公司鼓勵車主順便遊覽汽車城，並創造親子共遊的樂趣，把家人、汽車、旅遊等關係聯繫起來。此舉也吸引了許多國內外的觀光客，把它當作是觀光景點，專程到此一遊。

這個汽車城的外觀設計是一個雙塔設計，每座車塔可以停放四百輛車，雙塔就是八百輛車，尤其到了夜晚，全部燈光一打亮，整個開放空間光彩奪目，有各種款式和顏色的新車在每層空間亮相，目眩神移。這種空間氛圍不像是取車地點，倒像是一個華麗的汽車展示中心。此外，大廳的其中一個巧思設計，是一個世界最大的旋轉門，打開就可以戶內和戶外連成一氣，不論白天或夜晚都非常適合舉辦派對與活動。

在這個樂園中，也有提供孩童的遊樂設施，享受迷你的乘坐交通工具等，而且來汽車城參觀的小朋友，還可以獲得一張附有自己照片和姓名的兒童駕照。當然，這張駕照是沒有什麼公信力的證件，卻足以拿到學校跟同學炫耀了。在這個樂園中也有汽車導覽的服務，並提供室內劇場給遊客觀賞，利用最新的科技去講汽車的故事。

汽車結合主題樂園與音樂廳

福斯汽車城受到好評之後，福斯繼續複製體驗經濟的部分，就在福斯汽車城開幕兩年後，也就是二〇〇二年，福斯在德國的德勒斯登（Dresden）對外開放透明工廠（Transparent Factory），雖說是工廠，但是整體的感覺十分透明乾淨。透明工廠的定位跟前述的福斯汽車城並不相同，它是針對訂製頂級車 Phaeton（台灣的定價在三百萬台幣以上）的客戶所設計的訂車、賞車等為主的參觀空間，提供尊榮的服務體驗。

這座透明工廠是由世界知名的建築師貢特・海茵（Gunter Henn）所設計的，佔地約五・五萬平方公尺，耗資五十八億台幣，因為定位是鎖定VIP級的客人，所以也限制參觀人數。這裡雖為工廠的環境，卻看不到製造空間的雜亂與斧鑿的不舒適，顧客可以到工廠現場參觀他的愛車製造的生產進度，也可以在網路上實境觀看了解，而且工廠旁的音樂廳常是德勒斯登交響樂團獲邀演奏的地點，提供ＶＩＰ客人賞車、愛樂的多重體驗。此外，交車的路徑是一條星光大道的光廊，Phaeton 汽車緩緩前進到新主人的眼前，輝映著新車的光采與氣勢，種種設計都在訴說這個品牌的奢華，表露無遺。

交車，看起來是製造部分的「最後一哩」，卻是服務經濟的創意起點。從福斯狼堡城汽車到德勒斯登透明工廠的例子來看，福斯集團顯然把創意空間、展示介面、環境再造，融合到一種創新的體驗經濟，包括親子共遊樂趣、流程體驗，而它所創造出來的不僅是品牌增值，更是促進地方經濟的良好典範，值得學習。

（原篇名〈福斯汽車城 創造服務體驗〉，載於《創新發現誌》，2008.08）

醫療觀光的感官體驗

峇里島的禁食療程，目的是讓人放鬆，嘗試真正放空的境界，視、聽、聞、味、觸覺五感的體驗設計，釋放了壓力，對身心靈起到一定變化作用，帶來美好而難忘的經驗。

醫療觀光是台灣想發展的產業之一。二〇一一過年前有機會暫時離開寒冷的台北，來到氣候溫和的峇里島海邊別墅，進行一個禮拜的禁食療程。下了機場，有專車來接，開了將近三小時到峇里島東北角的小漁村，觀光客並不多，有幾處潛水和浮潛的設施，也有散落各地的濱海別墅及民宿。

我們進住的別墅其實只有四棟，就在海邊，靠海十公尺左右的石頭海灘，屬於漁民，還可停放他們每天進出的漁船，緊接著就是別墅區。每棟別墅的一樓是客廳及浴室，有露天的淋浴，二樓是臥室，一、二樓都有面海的大陽台及躺椅。白天晚上看的都是海，聽的也是海浪及拍打岸邊石頭的聲音。這裡沒有電話，沒有網際網路，沒有電視。嚴長壽說旅遊的三個階段，從多國多點走馬看花；到定點深度旅遊；到什麼事都不做（do nothing）。經過整年度的勞頓，這次純粹來放鬆，還是第一次嘗試真正放空的境界。

禁食安排療程有五天、七天、十天、二十天，每人每天約台幣五千元，包括住宿、餐飲。因禁食，所以每天從早到晚給你不同的飲料（大蒜水、椰子汁、西瓜汁、檸檬水等，還有其他飲料）。另外，從早到晚也排了很多活動，從一早的氣功、靜坐，到下午的按摩、瑜伽、香草蒸氣浴、彈簧跳墊、手腳並用的走步機、蒸氣烤箱。此外，也有生物電磁、臭氧處理，每天也幫你量體重及血壓等。核心概念就是通過禁食來排毒與淨身，同時也讓你在精神上放空。課程之間可到附近山區或海邊散步，也可以就躺在泳池畔看海、曬太陽。

結合體驗與身心轉型的經濟

在與世隔絕、美麗的海邊進行這樣的活動，是很不一樣的經驗，台灣也是四面臨海，但我們可以在什麼地方做類似的療程？台灣的山多，或許可在山裡而，進行這種類似閉關的活動。地方要交通有點不便，進去後就不容易出來，才能專心。但台灣的地價太貴，這個地點與漁民的租約三十年是美金二十八萬，平均一個月才台幣二萬多元。六年前花了五十萬台幣建設了這個基地及房舍，投資成本也相當便宜，損益兩平點極低，經營壓力不大。當然受限於容量，即使天天全滿，年營業額也不過一千多萬。但對經營者來說，台幣二百萬左右的投資，變動費用相當低，因印尼人工也很便宜（每月兩千元到一萬元），用了十四名工作人員來服務四位左右的客人。對一個生活型態創業家（Life Style Entrepreneur）相當適合，一方面享受這裡的自然及放鬆的步調，也可有一定的收益。

整個過程雖有「醫療」行為，但目的是讓你放鬆並體驗，因此環境設施和氛圍與內容同樣重要。我們每天練氣功、瑜伽、蒸氣室，用餐的地方離海都不到十五公尺，看著廣闊的海面浪花點點或漁船回航。台灣可能沒有這樣的條件，成本結構不同，我們追求的可能必須有一定的規模經濟。和我們在此同修的有兩位獨行的女士，一位是澳洲的女警察，一位是英國人在雪梨公關公司工作一年後，在東南亞旅遊一圈。據老闆的說法，百分之九十五的旅客是女性，她們比較重視身心靈的健康與和諧，會半途退出的多半是男性。

美國作家黛安・艾克曼（Diane Ackerman）經典之作《感官之旅》（*A Natural History of the Senses*）極盡其博學多聞之能，我沒那麼多深入的研究，但這個「閉關」經驗也促進了我的感官敏感度。

聽了一個禮拜的浪濤聲，在臥室、氣功禪坐、瑜伽、或坐在餐廳，都距海不到十五公尺，也「聽」出了什麼所以然。在早上八點前後漁船回來的馬達聲，劃破若有似無的海浪聲；第四天半夜下起雨來，雨聲大過海浪聲；偶爾會有貓叫、雞叫、鳥叫的聲音；除此之外，大部分的時間，張眼、閉眼就都是海浪的聲音，浪起浪花被打碎也有其一定的節奏反覆進行。剛回台灣反而有些不太習慣，遼闊空淨的自然背景樂音換成了車水馬龍的都市喧囂。

眼「見」的也都是海，海水有時較黑，有時較藍，白浪點點，有時多、有時少，散落在汪洋中。晴空是蔚藍，白雲組成各種形狀，天際線十分壯闊，且是圓弧型的，日出及日落之際的顏色變化就更多彩了。岸邊石頭是黑色、灰色的，停靠很多漁船，望眼看去起碼不下百艘，船身以白色為主，兩旁有拱型的平衡桿，帆的顏色及幾何花樣是在視覺上的主要差異。別墅其實是蓋在很陡峭的岸邊，牆是白色，磚柱及室內是木作的顏色為主，整個別墅區也種了一些樹、花和綠草的自然色彩。

「聞」到的海風倒沒有什麼特別的味道（我的嗅覺不甚靈敏），漁民雖早晚例行進出，但捕到的魚其實不多，因此也沒有一般漁港的腥味。在禁食期間，每天的主食是西瓜汁、大蒜水、檸檬水和椰子汁等，味道分明。中間還輔有各種不同味道的液體、流質相隨，用來洗滌你的腸胃，或補充身體中的各類元素。第三天以瀉鹽清除腸胃及肝，較難以吞嚥。清除宿便之後的晚上開始加上一碗熱騰騰的蔬菜清湯，味道特別甘美。隨後再慢慢增加木瓜、水果沙拉及流質食物，逐漸恢復你的味蕾與味口。

五官共感的體驗設計

雖然在海邊，因盛夏氣溫還滿高，白天的空氣其實十分乾爽，只要不直接暴露在陽光下並不會發汗。透過飲食，除了讓你體內的流體有所控制和變化外，透過早上十分鐘的蒸氣（也是看著海），及晚上的香草蒸氣室二十五分鐘的蒸薰出汗。白天可以在泳池旁的躺椅，享受陽光灑在身上的「觸覺」，也可跳進泳池或按摩水池，全身泡浮在水裡的感覺。下午例行的按摩時間是另外一種節目，每天不同的方式，有油壓、指壓、擦、刮等手法，分別以不同的精油來推拿，按摩師的力道適當地刺激身體各處的筋絡，可紓解一些肌肉和精神上的壓力。

經過一個禮拜的療程，對食物、飢餓、海浪聲、自己身體的細微變化變得比較敏感，有了不同的體驗；此外，血壓降低，減了三公斤，也是具體的收穫。「體」驗經濟會讓你留下一些美好的回憶，但回憶會逐步淡忘，經驗的細節及感覺久了也會模糊。因此，在體驗經濟之後的進階其實是「轉型（transformation）經濟」，如塑身、美白等，對身、心、靈會起一定變化作用。若真有績效，應該會讓你脫胎換骨，或換腦袋改變體態，並維持一段時間（retention），不至於馬上還原。

以上這些感官經驗，是在同一時空發生的，因此五官經常是一起「共感覺」（synesthesia）。整個歷程（journey）的安排即是「體驗價值傳遞」的重點，場景的設計與選擇，活動的安排，近身服務人員的用語、用心，都是整個體驗或轉型服務的環節。這些安排除了以服務為基礎，使用者的感官經驗（user experience）、同理心及意會十分關鍵。設計者的五感器官（眼、耳、鼻、舌、身）及視、聽、聞、味、觸覺等感受的敏銳度要夠，才有可能設計出這些難忘的經驗。

（原篇名〈醫療觀光的體驗〉，載於《經理人月刊》，2011.03）

英國湖區以觀光產業為生

彼得兔作者碧翠斯・波特、詩人華滋華斯皆在湖區生活過，英國人發揮其敘事能力，創造了周邊衍生商品。因被指定為國家公園，時間就像靜止了下來，生態及觀光資源得以永續。

在英格蘭西北地區緊鄰蘇格蘭有一個郡叫湖區（Lake District），面積二二九二平方公里，人口九十萬。湖區內大小湖有六百個，其中十六個較大的叫 mere，中的叫 water，小的叫 tarn（潭），都是沿用中世紀在此佔領的維京人叫法。

在湖區觀光中最常出現的畫面，就是丘陵地上綠草如茵，綿羊點點。整個英國羊群的頭數比人口還多，其理由是：一、養護草地，若你仔細看，羊的嘴幾乎不曾停過，你不必花其他的飼料錢；二、翠綠的山坡地是英國的自然風光之一，也是重要的觀光資源。其實一頭羊的羊毛剪下來，有時候只有七十便士，不值得花工錢去處理，農夫乾脆將之燒掉。

湖區的湖光山色確實景色宜人，風光萬千，全區在一九五一年被指定為國家公園，由National Trust來管理，土地使用及建築受到很大的限制。這些數百年來的「自然與歷史遺產」，英國希望能不破壞或開發，而保持原狀，加上一些在湖區生活過的名人軼事，如：碧翠斯・波特（Beatrix Pottor，彼得兔作者）、詩人華滋華斯（William Wordsworth），這些人文的傳奇則是英國人發揮其敘事能力，以及創造周邊衍生商品的好機會。整個區域的產業皆以觀光旅遊為主，但因勞力不足，此區的子弟很少願意留在這裡，有很多旅館、餐廳的從業人員是靠東歐人打工來補充。

線上線下虛實無縫銜接的旅遊

我在網路訂了兩個在地的導覽，並住宿一晚，同時在網路上預先買好從倫敦往返的火車票，英國每年的觀光客約有三千三百萬人，在網路上訂車票、旅館的服務很多，且不同時間預定價格差很多，充分做到價格彈性，讓你有誘因提早在網路上預訂。其中一個叫「自然生態團」，現地的導遊，即是在網路上與我聯絡的人，開車帶著我們夫婦兩人三個小時左右，沿路介紹自然景觀及歷史文物，並陪你健行一小段、看瀑布等。另一是「彼得兔」團，和十一個日本人同行，參觀了作者波特夏天寫作的故居山坎（Hilltop），及這位宅女啟蒙之地，一路聽她對此一地區保育相關的故事。

溫德米爾（Windermere）是火車的終點站。再往北延伸的鐵路，因在地區人士的反對下停止營運很久，火車站原址已改建為一個大超級市場(及大停車場)。湖區的城鎮都很小，三千到五千人的規模也養不起國際性連鎖店，都是在地型或區域型的企業為主。此番旅行經過的幾個小鎮，因維持原貌，都很漂亮，如我們下榻的小鎮布勞斯（Browse）、以出薑餅聞名的格拉斯米爾（Grasmere）、及波特夫婦生活的霍克斯黑德（Hawkshead），它們的建築及街廓巷弄都很有味道，可惜賣的東西都是針對觀光客，品質並不高。

湖區內許多道路只有六呎六吋，兩旁又常是石板牆，只有一部車行走的空間，開車錯車要互相禮讓。小道間偶爾會有走失的小羊，出生才二、三個月，回不到草地上的鏡頭，十分可愛。湖區也會有一些藝文活動的演出，如歌劇、話劇、音樂會的表演，或作家的簽書會、發表會。在湖區山間小道健行，騎自行車的人不少。岩壁上也可看到攀岩的人，戶外活動的風氣很盛，你也可以和戶外運動的達人一起進行戶外活動。

在湖區兩天，我們只玩了一小塊區域，由於自然景觀保育得不錯，人文景物也盡量維持，所以都保持活用狀態。我試著去和日月潭作個比較，我們的商業區、小吃店太多了，又沒有特色，當地的文化及歷史不易被彰顯出來。湖區因國家公園的規定，時間就像靜止了下來，什麼時候去都會看到相同的景象。生態及永續觀光，需透過一些量的管制，才能將觀光資源長長久久地保持下去，不會無限制地消耗有限的承載量，過早將天然觀光資源用盡。

（原篇名〈英國湖區以觀光產業為生〉，載於《經理人月刊》，2010.08）

二千萬名觀光客的想像

要迎接容納二千萬名觀光客在台灣活動與消費，許多公共建設是否需再投資？而自然景色、購物空間、到文創會展活動需要多少「軟體及服務」的配套？如何吸引那些人來，有很多想像的空間。

二〇一〇年中部科學園區開發被中止，國光石化宣布停建，二〇二生技園區開發與否等問題一一浮現，《商業周刊》也報導電子五哥的獲利只有傳產的五分之一，代工宣告再見。這些問題綜合反映的應該是，台灣經濟與產業發展似乎遇到了極大的瓶頸，我們要繼續發展工業、製造業，還有多大的「空間」？

以「造物」為靈魂的日本也十分不願意放棄製造，但已持續低迷了二十年。今年前二季有微幅的成長，但基本上是海外生產與海外銷售的貢獻，國內的消費仍無起色，國內的就業也沒提高。國內生產毛額（GDP）的貢獻和大部分人民的「感受」無法連在一起。目前的經濟似乎已經二元化，企業獲利和地方就業、庶民經濟是脫節的，企業的全球化布局依其相對優勢在全球各地生產銷售，早就超越「國家」疆界。世界是平的，資金、技術、人才都很容易跨越國界，企業的總公司要設在哪裡，稅要繳在哪裡，國家的籌碼似乎不多。逐水草而居的企業是「動物」，根留在地是民族國家政府「植物」式的想法，植物的思維與規則如何去治理規範動物本能的企業？

如果製造業的「附加價值」不高，或者其社會成本、環境成本很高，那有什麼替代方案可以支撐在地經濟與就業的發展？日本已好久沒有新創公司，上一個成功的新創公司「軟體銀行」也有三十年了，日本的前一百大企業全都是老面孔。UNIQLO 這家迅速竄起的平價精緻服飾公司，定位鮮明，以其布局全球的創新鏈及供應鏈改寫服飾業的遊戲規則，是一家非常「非日本」的怪胎。樂天與UNIQLO 最近宣布，「英文」將成為其官方語言，UNIQLO 的總公司有可能明後年會搬到新加坡或上海，日本很快又留不住它。

東京大學榮譽教授兒玉文雄曾指出：一九八〇年代日本製造業的製造逐漸移

向海外，在本國內從事研發活動逐漸提高。一九八六年是日本製造業的「研發投資」首次高過「生產設備的投資」，兩條曲線發生黃金交叉，他宣稱日本從「製造業」轉成「創造業」。那是「日本第一」的年代，在「廣場協定」下日圓被迫迅速升值，日本在美國狂買資產後，九〇年代初開始泡沫破裂，走入低潮，至今尚未恢復元氣。很多人當初的診斷是日本服務業（包括金融、流通等）的生產力太低，比美國低三、四成。但為何低迷這麼久，這麼難脫離此一泥淖？UNIQLO到底應被歸類在製造業、零售業，還是服務業？製造業若不能有高附加價值，那服務業能填補這個缺口嗎？目前有哪些服務業的「附加價值」是比製造業高的？從製造業移出來的人口能在服務業創造什麼附加價值？

觀光客超過住民的思考

二〇一〇年經建會委託商研院舉辦了一個「二〇二〇服務業的藍圖與願景」會議，雖然服務業早就是經濟活動裡的大宗，但以生產製造起家繁榮的台灣經濟，產官學研一直不敢、也不願意放棄在台灣製造的念頭。二百多位學者專家經過兩天的動腦會議——「世界咖啡館」的結論之一是，二〇二〇年台灣若要變成一個更開放、更多元的社會，除了二千三百萬居民外，我們可否同時迎接容納二千萬名觀光客在台灣活動與消費，這個意見似乎有得到經建會副主委的認同。

從二〇一〇年的觀光客五百二十萬人到二〇二〇年二千萬人的目標，每年一五%的成長即可到達。從供給的垂直面，機場、交通、住宿、到飲食，可以檢討許多公共建設是否需再投資，如另一個機場、另一個港口、另一個高鐵，更多的旅館；而自然景色、購物空間、到文創會展活動需要多少「軟體及服務」的配套？如何吸引那些人來，二千萬人的組成是團客為主？還是商務？自由行？背包客？大陸客、歐洲、東南亞、還是日韓的組合是較適比率，或會比較長久，有很多想像的空間。從水平需求來說，醫療觀光、教育、到精緻農業的加值配合，各部會是否有一定的配額，有很多可努力的地方。服務業做得好，可以直接改善我們的生活品質，增加就業機會，加速進行無煙囪工業的「十大建設」，是不是我們推動服務創新的契機？

（原篇名〈二〇〇〇萬名觀光客的想像〉，載於《經理人月刊》，2010.11）

精緻化是永續觀光關鍵

台灣有很多美食的故鄉，可以提供感官的體驗，與風土人情的感動，只要能集結地方特色，包裝成主題與故事，就非常具有魅力，能夠發展出較有深度，且特色絕對不輸國外的永續觀光商機。

二〇〇九年四月十五日這一天，是東京迪士尼樂園的二十五週年慶。這個走過四分之一世紀的迪士尼，可以說是美國以外的迪士尼中最受遊客歡迎，也是營收成長最亮麗的一座遊樂園。細心的遊客會發現，漫步在充滿歡笑的東京迪士尼，不論到哪個角落，都可以看見許多嬰幼兒推車與輪椅。沒錯，東京迪士尼不只是小孩的天堂，更是銀髮族的「新樂園」。東京迪士尼樂園掌握了這個銀色新勢力，讓「銀髮族」成為迪士尼樂園主要消費群之一，我們可以從以下的行銷策略窺知一二。

東京迪士尼從三月一日起，提供六十歲以上的遊客「敬老全年護照」，比一般票券便宜兩成以上，企圖吸引更多銀髮遊客前往。而且，在許多遊樂設施和園內活動，都開始針對老人這個族群做精心設計。再過五十年左右，日本這個國家就有四成都是老人；為了吸引國外的旅客，他們先從國內的旅客開始經營，捉住「快速老化社會」的趨勢去調整創造商機。

選擇、掌握策略性的觀光客

精準掌握觀光客的族群與需求，是決定觀光事業的重要基礎；而選擇哪一類觀光客來消費，更是決定經營模式與永續發展的可能。台灣是一個充滿天然觀光資源與風土人情的寶島，卻未見「永續」的觀光策略，自然無從創造較穩定且健康的觀光商機。面對開放大陸觀光客來台，國人似乎因為長期不景氣，累積「餓壞了」的狀態，希望很快從這群人口袋中撈一把的心態，可能會影響台灣觀光較長遠的發展。

永續觀光，必須循著正確的策略、選擇對的觀光客，才能慢慢賺、長久賺，把整體的觀光經濟提振起來。若非如此，可能會快速耗損稀少難得的自然觀光資源與商機。

我們須自問：究竟要走馬看花的觀光客，「十天玩十五個地方」的這類消費者？還是要深度旅遊的背包客，願意花較多時間探索一個地方的風土民情，如此可以彌平週末狂滿，週間休息五日的民宿與餐飲？或者，我們可鎖定金字塔頂端的客人，他們願意花一個禮拜的時間，待在像涵碧樓這樣的地方，徹底放鬆與享受山水之美，且在旅館內消費較高但有品質的服務。

由「質」做出口碑，對的「量」就會進來

這幾年，加州葡萄酒故鄉納帕谷（Napa Valley）成為電影取景、觀光旅遊、美酒產業的熱門地點；事實上，台灣也有很多美食的故鄉，可以提供感官的體驗，與風土人情的感動，只要能集結地方特色，包裝成主題與故事，就非常具有魅力。例如，台灣的花東縱谷何嘗沒有潛力？台灣的米、醋、水果，米食為主的

菜餚，還有竹、茶、梅等特色草根農產及地方文化，都是可以發展出較有深度，且特色絕對不輸國外的永續觀光商機。關鍵在於從政府策略開始，也需輔以地方社區總體營造的落實，才能把它的特色發揮至極致，做到國際水準。如果沒有把「質」做出來，卻要馬上衝出較多淺嘗為止的觀光客，只會傷害「台灣」的品牌印象及可貴的資源。

例如馬祖北竿島北側的芹壁，它有著花崗岩的天然景觀，錯落著閩東建築聚落、依山面海的景致、冬暖夏涼的居住環境，彷彿置身地中海般舒爽宜人。事實上，當地的房舍內裝多已整理成比較現代化的民宿，很有潛力可以發展成國際度假及會議中心，以馬祖戰地政務獨特的歷史設施與地形特色，稀有閩東建築及媽祖故事，精心打造天與海無邊無際的Villa。再加上輔以在民宿內提供精緻化的私人服務與美食，可以滿足講究美景與隱私，而且預算較為豐裕的客人。這樣的規劃非常適合提供給企業外出的教育訓練或動腦會議，或獎勵旅遊的公司團體到此消費。如此可以迅速產生口碑效應，吸引更多講究質感的客人到此享受假期。

因此，我們對大陸的觀光策略上必須講求「精緻化」的思維，台灣超越大陸且吸引他們的，應是我們較成熟的「文明」。「小及少，都是我故意的」，而不是以量及價格取勝。先打造精緻服務品質，做出頂級口碑，自然會產生較長遠永續的效益。「永續」要比氣長，才不會為了短期利益而湧進太多觀光客，致使品質無法維持，也得不到好評，卻會快速消費掉我們難得的自然觀光資源及日後深遠的商機。

（原篇名〈精緻化是永續觀光關鍵〉，載於《創新發現誌》，2008.06）

百年風華拉斯維加斯

拉斯維加斯是美國極受歡迎的熱門旅遊景點，吸引了全世界的旅客造訪，它的主要成長力道不完全是在「賭」本身，而是其他觀光產業的元素不斷投入刺激的創新魅力。

二〇〇八年我們這一屆的東海大學校友畢業三十五週年的同學會，選在美國的拉斯維加斯（Las Vegas）舉行。這些即將邁入「耳順」之年的同學，非常珍惜這個團聚的機會，來自美國各地及從台灣出發的各系同學，在拉斯維加斯及大峽谷舉行為期五天的聚會。許多同學多年不見，有些甚至三十五年都不曾見面，像是重新認識一次「老朋友」。

美國第二受歡迎的熱門景點

除了跟老同學們見面敘舊外，令我有所感觸的是這幾天待在拉斯維加斯的「體驗」。拉斯維加斯發展至今已經近百年，已從一個黑道洗錢漂白的罪惡之城（Sin city）轉型為一個超大型的「成人迪士尼樂園」，不論幾歲的人，都可以在這裡找到娛樂放鬆的方式。

根據富比士旅人 ForbesTraveler.com 在二〇〇八年六月的統計，美國最熱門的二十五個旅遊景點中，第一名是紐約的時代廣場，旅客數一年達三千五百萬人次，第二多的則是拉斯維加斯大道，年達三千一百萬人次。ForbesTraveler.com 指出，這條霓虹大道（Neon Trail）是美國聯邦政府國家風景區計畫的一部分，每年來到拉斯維加斯的遊客有八成都會到這條大道造訪。

拉斯維加斯在夜晚來臨時，顯得美妙而生動；此時大街的活動剛剛啟幕，包括金銀島的海盜船，比拉吉歐的水舞表演，許多街頭藝人也輪番上陣；光是站在拉斯維加斯的街上欣賞，就令人目不暇給了。而且大道的外沿也有單軌捷運，讓已走不動的旅客能得到片刻的休息或到下一個景點。

複製另一個城市，發展將受限

事實上，拉斯維加斯發展能夠日新月異，吸引全世界的旅客參觀，它的主要成長力道不完全是在「賭」本身，而是其他觀光產業的元素不斷地投入刺激其成長。例如：每年拉斯維加斯電子消費展（CES）及各項會展即可吸引超過五百萬人，許多豐富原創的表演與歌舞秀、觀光旅遊、結婚教堂等，支撐這個在沙漠中平地而起的城市，走出自己的一條路。

我們所下榻的旅館在蒙地卡羅旁，正在修建的市政中心有五、六棟設計新穎的大樓，落成後將有三萬人在此上班。精緻的美食、購物天堂、歌舞表演，每一家旅館將這些元素透過不同創意的「主題」連結安排（威尼斯商人、紐約紐約、巴黎、金字塔、凱撒、撒哈拉等），一家比一家推陳出新，他們將自己稱為「娛樂之都」，而不再只是賭城。

澳門在這幾年進行「拉斯維加斯化」，從許多飯店、賭場設計、表演內容，整個城市轉化設計的靈魂幾乎都源自於美國拉斯維加斯的模式，但較少有自己獨有的風格，並且幾乎捲蓋了澳門原有的人文和歷史色彩。對旅客而言，澳門只不過是「亞洲的拉斯維加斯」，那麼它終究只是中國東南岸的一個賭城，對大陸和香港的旅客或許有些吸引力，卻很難發展成為全球熱門旅遊的景點。東京迪士尼是個相當成功的例子，二十多年來遊客持續不墜，因在迪士尼的框架裡融入了很多日本細膩的服務元素，內容及周邊的服務也不斷地創新，增加旅客的方便及吸引力。

娛樂之都創意元素豐富

從各種不同室內室外的安排，都可以感受到拉斯維加斯的創新魅力。看過這些表演之後，大概對張藝謀的奧運開幕表演節目也不會太吃驚了。我們在永利酒店（Wynn）的晚餐，中庭是一個大水池，另一端是一個大瀑布，這瀑布在晚間日落之後就變成一個大銀幕，一個天然的表演空間，最新的視聽科技，優雅動感的節奏，加上高質的音效，充滿娛樂的氣氛。

永利酒店晚間的表演「Le Rêve」，其特色是將原來馬戲團中的安全網換成是一個偌大的水池，所以可看見空中飛人在上層表演空中飛來飛去翻滾後，像跳水選手以優美的姿勢潛入水中，芭蕾舞者則在水中舞台及水池中間進行芭蕾表演。

由於整個演出（馬戲空中飛人、高空跳水、水中芭蕾、魔術）都跟水脫離不了關係，這些跳水選手和芭蕾舞者的身材都非常健美，除了運動細胞，還有很多表演技巧，他（她）們的身體與服裝整場幾乎都是濕漉漉的。前排離水池最近的觀眾席，由於會被水濺到，稱為「wet seat」。整個表演時間達八十分鐘左右，一千八百個座位全滿，門票約是一百二十五元美金，票價其實不便宜，不過表演十分緊湊，絕無冷場，還是會覺得十分划算。這也難怪，為什麼許多旅客願意到拉斯維加斯造訪，樂此不疲。

近一兩年台灣曾經因為想要爭取國際來台投資、設立賭場，而引起產官學研的一番激烈的爭論，其實我們應該關心的議題不只是蓋賭場、賺賭客的錢，而是如何強化與創造自己的特色，才能有魅力，持續而不墜，如張藝謀的「麗江印象」、桂林的「印象劉三姐」可以支撐多久，當地人才是否有「自主創新」的潛力，才是一個地方能否持續繁榮的關鍵。

（原篇名〈百年風華 Las Vegas〉，載於《創新發現誌》，2008.12）

地方的記憶——牛津故居

我們對地方的經驗有很多是靠「記憶」得來，一個人一輩子會記得幾個你住過的地址？要住多久，那個地址才會定著永不會忘記？

記憶是可靠的嗎？對人、事、時、地、物的記憶，有什麼共同的地方？有什麼重要的差異點？我們當然會忘掉很多的事，但我們所記得的事是正確的、真實的嗎？

記憶主要只是來自五感中的「視覺」嗎？還是需要其他感官或知覺的聯結，如聽覺、嗅覺嗎？就拿對「地方」的記憶來說，基本上，你必須有一定的方向感（這是五感之外的另一種感知能力）。二〇〇九年科管所歐洲之旅在牛津過了一夜，第二天我起得一大早，從在牛津 Ring Road 北外環道路附近的旅館，試圖去尋找十九年前我在此住過七個多月的房子，當時手上並沒有地圖，但從方向上我知道應在附近。

近鄉情怯，既熟悉又陌生

我沿著外環道路 Ring Road 找到當時我最熟悉開車回家的圓環，走路和開車因速度及視角，對周邊物件的印象並不完全相同。到了圓環，路標上的幾個地名出現，相關的景象逐漸浮現出來。Summer Town 是附近的小市集，Banbury Road 是從圓環接到 Five Miles Drive，引導到我們所住社區的路。但當我走到 Five Miles Drive 所看到的街景，和當時對這條春天盛開櫻花會掉落滿地的「景象」記憶，有著相當的落差，是記憶有問題，還是因季節不同，還是街景確實有些改變。

接著經過一個較為熟悉的運動場，足球門已不見了，那是我們當年到牛津，第一次拿著足球去玩的地方。那時我兒子筌筌只有八歲，並沒有真正玩過足球，我大腳一踢，球到面前他也不知道要躲開，球就直接打到他臉上。對這個空間的記憶主要竟是這件「事」，還好這件事沒有太影響到日後他對足球的興趣。

接著看到Linkside Avenue的路標，這個在之前怎麼也想不起來的街名一下子回來了。一個人一輩子會記得幾個你住過的地址，要住多久，那個地址才會定著永不會忘記，不管是中文的還是英文的。我們在牛津住了七個多月，那是還沒有e-mail的日子，和親友間的溝通，書信往返仍是常用的工具，但是這個經常書寫的「地址」卻在記憶體中冰凍了很久。

記憶的可靠性及其線索

走到房子面前因前院有被整理過，我一時間不太確定是哪一間，因附近雙併連棟有十多戶長得都一樣，後來憑著車道和前院的大小，還有依稀模糊倒垃圾的小邊門，加上從出門所見對街鄰居房舍正面模樣，我想可能是九十八號吧？還是一〇二號呢？人的記憶其實是相當脆弱的，我們所記得的東西，其選擇性是很強的，為何曾經每天往返的家竟然不比牛津市中心的麥當勞來得清晰。

我們在談文創產業以及全球化時，常會談到「在地化」的重要性，在地化就是將自身對地方的經驗，淬鍊出一些獨特的元素，表現在你的作品上。而我們對地方的經驗有很多是靠「記憶」得來。我一直到二十多歲，基本上是住在中山北路七十二巷，國賓飯店對面的巷子，國賓的前身是一個憲兵的部隊住所，畢竟是隔了條馬路，我比較熟的反而是巷子背後沿著淡水線火車道旁的雙連菜市場，目前的雙連捷運站附近。很多同學也住在那個方圓裡，如今物換星移，人物皆非，小學同學及幼時鄰居幾乎完全沒有連絡了，但穿越鐵道到赤峰街的理髮店、到日新戲院去看電影、或寧夏夜市的豬肝湯，還是我的鄉愁。

（原篇名〈地方的記憶〉，載於《經理人月刊》，2009.08）

追記：二十五年前唸博士班時，有一本書《地方的體驗》（*The Experience of Place*）約略記得是講二十世紀上半葉，人們對社會、生活中各行各業的理解，因城鎮社區的規模是以步行為尺度，小孩子在放學之餘或接受阿公阿媽的小差遣，安全地經過社區街道，去認識這個世界。等到下半世紀郊區化，市中心高樓化後，孩童社會化的歷程不是坐在車上疾駛而過，就是在電梯中垂直的移動，加上電視螢幕才是你認識社會世界的途徑，對地方（Place）的認知與感情起了變化。本文描述的這些經驗，應是對這本書的一個回向。

泰國能，台灣能不能？

泰國的「世界廚房」和「泰精選」普及全世界，從頂級最精緻的，到一般鄉民料理，飲食的光譜比台灣寬廣，台灣美食或小吃及夜市欲推廣到全球，找到鮮明的定位是一大功課。

二〇一三年四月底帶EMBA同學到泰國境外教學，考察具地方特色的傳統工藝、設計、觀光及美食等文創相關產業。我們確實看到一些值得借鏡的地方，當然泰國能做到目前的成果，有一定的條件和文化歷史的脈絡，其各別的產業當然有其優點，也有他們的一些問題。

以下就觀察心得分別討論。

地方特色及傳統工藝產業

原先設定的主題是「一鄉一特色」OTOP（One Town One Product），因兩國都有類似的計畫，但在泰國此計畫已結束，我們另外參觀了由泰國皇后支持的Supporting Art & Cultural International Center Thailand（SACICT），其工藝內容包括紡織、陶器、銀器及金工。台灣亦有「手工藝品研究中心」，兩者都是企圖去保存日漸失傳的工藝技術，企圖加上「創意與品牌」，發揚光大傳統手工技藝的出路及市場。

泰國的手工藝製作多半在泰北的農村鄉下，在農暇之餘發展出來的技藝，除了保存之外，皇后也希望能提升當地農村的收入。這個中心設在曼谷市郊，蓋得很有規模，展示及布置都很用心，但遊客一個月只有二千多人。這當中一定有其盲點，因要成為產業，還是要達到一定的產銷量，需某種程度的「量產」，那手工藝品的傳統如何同時保存其特色，並加惠到農村？而不至於淪為廉價的工業複製品？

迅速崛起的設計產業

「泰國創意設計中心」（Thailand Creative Design Center, TCDC）及「曼谷藝術文化中心」（Bangkok Art & Creative Center, BACC）是兩個我們參觀的重點，泰國這幾年在全球設計產業的競爭快速嶄露頭角，其設計中心的圖書館規模比台北大，資料也豐富，充滿人氣，非常熱絡。還設有一個隨時可摸到三千多種最新材料的資料庫，和米蘭等中心連線。在入口處有一交換名片的牆壁，分成三大類：設計師與創意工作者是一類；供應商及製造者是另一類；貿易商、投資者和顧問等是第三類，他們對「產業生態圈」人才的認定比較寬廣、比較完整。正在進行的展覽則是九州ＪＲ，日本近年積極透過設計進行的各種「鐵道服務創新」，台灣可能沒機會欣賞到這樣的策展。

「曼谷藝術文化中心」內二至四樓有各類的「創意商店」，約四、五十家，其商品都各具特色，創新的概念非常多元，往往讓人眼睛一亮，台北還沒有這麼多創意商店集中在一起的場所。一樓當天正在舉行第三十五屆東南亞作家獎及展覽，台北國際書展五、六年前曾以泰國為主賓國，但我們很少認識泰國的作家及作品。相反地，泰國人就熟悉台灣作家嗎？台灣作者在華人以外的市場呢？一樓同時另有一書籍裝訂、裝飾展覽，可以承載許多創意的設計。

多采多姿的觀光產業

五天在曼谷看了不少觀光景點，包括新的購物中心 Terminal 21、觀光夜市 Asiatique、吉姆・湯普森（Jim Thompson）故居、大佛寺、定幕劇、按摩，都是在觀光產業的範疇之內。一個城市會吸引人有哪些是自然資本？哪些是「人為資本」？社會資本、人力資本？泰國的歷史文化比台灣多元、國際？台灣號稱「融合」了荷蘭、西班牙、英國、日本、美國的文化；泰國文化中還有我們沒有的印度、東南亞及更豐富的歐洲味道。例如：我們就沒有「湯普森」這樣的傳奇人物，他是有中情局背景的商人，後來失蹤在雨林。我們有德記洋行、馬偕醫生，但未能成為我們的觀光資本。我們談「定幕劇」很久了，台灣為觀光客製作的定幕劇內容應是什麼？該晚的表演雖以泰國傳統舞蹈及民俗為主，但舞台的設計運用已有「太陽馬戲團」的影子。台灣的舞台與戲劇創作也有一定的水準，如何成為觀光客夜間活動的選項，還需努力。

Asiatique 是由碼頭倉庫改建的觀光夜市，規模很大，亦有一個摩天輪，成為新的觀光景點，是本地或國際旅客必去的景點，比我們的美麗華、或義大世界更有味道。Terminal 21 則是一個以機場及世界各城市為不同樓層設計的購物中心，每樓的商品就是該城市的特選，廁所都依各地區的意象去設計，很有趣。

享響全球的美食產業

最後一天「藍象餐廳」的廚藝課程是此行的高潮。從早上九點到十一點半實作二道冷盤（涼拌柚子沙拉、豬肉沙拉），二道熱菜（綠咖哩雞、蝦仁炒粉），然後自己食用，並領取藍象的證書。廚師先為我們做一次示範，接著由學員自己下去做，切、煮、炒、拌，大家很快就很認真融入現場實作的情境，不論原先有多少廚房經驗，做起來都不至於太失敗，至少看起來秀色可餐。四個小時從好奇到互動，實作的體驗，代價是三千三百泰銖，其餐廳的午餐定價是一千三百與一千六百。「藍象」到底「販賣」的是什麼？大家又如何評定其價值？

除了藍象的體驗之外，我們也吃了許多泰國菜和其他料理。泰國的「世界廚房」和「泰精選」（Thai Select）普及全世界。台灣美食或小吃及夜市欲推廣到全球，會和泰食有什麼異同？我們在 Asiatique 看到泰國各種餐飲品牌，因其國際化人口及觀光客比台灣多，從頂級最精緻的，到販夫走卒的鄉民料理，飲食的光譜比台灣寬廣。泰國共通的元素或食物的特色比台灣鮮明，台灣美食要如何突破傳統的「中華料理」，找到鮮明的定位是一大功課。

台灣的觀光客二〇一四年已接近一千萬，泰國則超過二千二百萬，兩地在過去幾年都有快速的成長。台灣的觀光產業有沒有一個最適規模，可以在贏得全世界的同時，沒有失去自己，能將台灣有形無形的觀光資源永續地保存下去，並透過我們的創意與設計，得到更多的價值。

（原篇名〈泰國能，台灣能不能〉，載於《經理人月刊》，2013.07）

愛知博覽會的啟發

愛知的主題是「自然的睿智」，以謙卑的心態，對自然環境在最小破壞的情況下，體驗與探索其中所蘊涵的訊息、展現人生的技巧與智慧，以及構思生態循環的社會的開發，解決人類面臨地球的共同課題。

二〇〇五年在愛知博覽會的尾聲去參訪，以為人會少一點，結果完全錯了。儘管西日本有颱風來襲，入園人數還是居高不下，九月三日更創下二十五萬人的高峰。為了進豐田館仍得排三個小時，熱門的國家館，如德國館到下午五點，還是有一百分鐘等待線。就參訪人數而言，這算是一個成功的博覽會。

我們有幸訪問了博覽會總企劃人之一的福井昌平先生，對於愛知萬博的企劃概念及創新有一些較深入的了解。他一開始便說這是二十一世紀第一個萬國博覽會，對有一百五十年以上歷史的博覽會而言，愛知做了許多創新。不同於十九世紀的萬博強調「國力」，二十世紀的萬博強調「企業力」，二十一世紀的萬博應有一些新的省思與再出發。

一百五十年後的進展與流變

他認為二十一世紀之後的萬博有二種趨勢，一是在金磚四國之類的發展中國家舉辦，他們爭取主辦萬博的動機仍是展現國力，並與都市發展或造鎮相結合，因此開發與基礎建設的規模越大越好。日本一九七〇年的大阪萬博，參訪人數六千四百萬人是本次的三倍，展場面積也是三倍。二〇一〇年的上海萬博的目標一定是要超越大阪的紀錄。

但已開發國家策展的動機已完全不同，各國政府已很難得到國會的同意，再以大筆納稅人的錢來宣揚「國威」，而是必須以更高層次的目標與主題，足以凝聚眾人，吸引企業的參與、市民的參與，甚至是他國政府的參與才是重點。

愛知的主題是「自然的睿智」，一反過去透過一座座龐大的人造紀念物，以展場的規模來展現「人定勝天」的科技開發思維。此次以比較謙卑的心態，對自然環境在最小破壞的情況下，體驗與探索其中所蘊涵的訊息（Nature's Matrix）、展現人生的技巧與智慧（Art of Life），以及構思生態循環的社會的開發（Development of Eco-communities）。從而以地球社會全體成員為主體，來形塑與建構全球規模的對話與交流之平台，解決人類面臨地球的共同課題。這些概念不只要表現在會展期間，從會展的規劃設計過程及軟硬體設施、到結尾的善後處理（再生、再利用、再回收）都要考慮大會的主題。以下就是這次博覽會的特色，提供給大家參考。

參訪人數之外的多重目標

第一，此次的場地原是「愛知青少年運動公園」，涵括了許多少數生態的棲息地，約一百五十公頃。因為會後要還原，此次只利用開發了原來球場與競技場及露營地六十公頃，算是相當緊湊（compact）的基地設計。整個基地的高低差達四十米，設計上很巧妙地用了全長二・六公里的「空中走道」環繞各個展區，創造出流動的空間，讓參觀者沿著此一空中迴圈（Global loop）就可穿越全球不同特色的各國展館。原基地中的十三個池塘都原樣保留，也形成了自然庭園的地景形貌。

第二，為了讓各國的展館投資較經濟，不過分地在建物上爭奇鬥豔，大會蓋了一百六十一個十八米乘十八米乘九米的「模組」，由各國來承租及做內外裝潢。已開發國家的呈現較能掌握到大會主題，以創新手法呈現該國特色；開發中國家的想像力就較差，許多淪為商品販賣場所，較為可惜。

第三，本次的市民參與的深度與廣度也得到萬國博覽會協會的稱讚。前後有十多萬市民直接間接的參與此次博覽會的企劃設計建造及營運，另有三萬志工參與服務，非政府組織及非營利組織的計畫與節目超過二百五十個，為未來的博覽會立下市民參與的典範。

（原篇名〈愛知博覽會的創新〉，載於《數位時代》，2005.01）

追記：距一八五一年倫敦水晶宮第一次萬國博覽會已跨過三個世紀，當時的社經脈絡和今天已有許多不同，不同產業各種專業的秀展每天在不同的地方都有演出。以國家為單位的世博會該如何與時俱進，像近年來美國已較沒興趣參加，國會不同意用納稅人的錢來做這種展演。愛知之後，像二〇一〇上海是起飛中的國家藉此進行都市更新，大興周邊基礎建設，也無可厚非，但像米蘭是一個成熟的都市，要藉此和世界溝通什麼？二〇一五在米蘭這個時尚、設計之都定的主題「食物」，這是一個有意思的線索。各國針對全球共同關心的議題來飆創意，這和當年博覽會的初衷有沒有距離？

從法蘭克福書展看文化外交

法蘭克福書展的展場面積廣大，館與館之間用了很多電動步道來聯結，展出的不只是商品，還有很重的文化交流成分，在演講台或論壇上，可以聽到很多出版界發展的新想法，或者作家的創作心靈。

做為一個讀書人，一輩子應該至少去一次法蘭克福書展。Book "Fair" 稱為書「展」似乎無法想像及反映出其規模與內涵，稱「博覽會」或「奧林匹克」似乎較能呈現其壯觀與精神。這是我第一次前去法蘭克福參與盛會，透過五天觀察、聆聽、請教同行的出版人、及前來蒐集情報的電子書廠商。

很多人問我為何來看書展？做為一個科管與創新的研究者，這個號稱每年達成百分之七十全球版權交易的現場，本來就十分值得關注，還有哪個「市場」會那麼集中？

會展產業化身為創新平台

展覽也是一種「創新的平台」或「守門機制」，很多新概念、新書是在這個場合討論及發表。一個平台要怎麼經營，有哪些原則，才能吸引這麼多人前來？據估計，在五天當中，有近三十萬人次的參與，包括七千家出版社，一千多位作家及一萬多名記者參加。

法蘭克福的展場離中央火車站二站，面積廣大，館與館之間用了很多電動步道來聯結，今年共用到五萬多坪。三館是童書、漫畫、小說及旅遊書；四館是教育、藝術、設計及電子出版；五、六館是各個國家攤位為主的國際館；另外還有影片及媒體的F館，估計陳列展示的書籍總共超過四十萬本。

我請教當了二十五年主席的「書展先生」衛浩世，書展的大小有無最適規模，他說好的書展就是讓每個想要展的人都可以自由來展，想來找書和版權的人也都能在此找到他們要的書、想見的人。

從一九八八年開始，法蘭克福書展每年都邀請一個國家做為主賓國（Guest of Honor）。中國作為二〇〇九年法蘭克福書展的主賓國，是其以和平崛起、大國姿態行銷其出版及文化的大好機會。雖然從二年前被預定為主賓國起，在德國就一直引起很多聲音，如台灣也被迫以「台灣出版人館」替代以往的「台灣館」；在九月份的一場熱身研討會也發生因異議者出現，引發中國官方代表退席等插曲，總括來說德國報紙的評論是毀譽參半。

在書展期間我以一個旁觀者的角度，覺得大陸雖然有些執行上的瑕疵（因此次戰線極廣，熟悉國際應對的工作人員顯然不足），但大體上，他們在德國民間應是做了一次成功的文化交流與國民外交。書展主席認為與其圍堵，不如讓正在改變中的中國，直接進來面對挑戰，更能促進其開放。

主賓國的活動在時間上並不限於十月的展覽這五天，活動的地點也不限於書展會場。基本上幾乎是一個全年的活動，從三月的「來比錫書展」就展開了序幕，四月到九月，中國已在德國許多城市舉辦多場作家演講、作品朗讀、小型展覽與表演等文化活動，十月份的法蘭克福算是高潮的頂峰。

文化交流盛會，大師雲集

這次他們有超過一千個工作人員參與，為了他們每天的飲食，搞到法蘭克福的中餐廳都很「緊張」。會展期間總計進行了六百多場活動，副主席習近平也來參加開幕典禮，現場到處都可看到中國的海報及招貼。主賓館的設計：紙山、活字、墨滴、書牆等意象，還算能凸顯中華文化的創意，但前三天只有業者參加時，顯得有些空盪冷清，後二天倒是吸引了許多一般的民眾。

我直接參與了幾場現場節目，有些中方的主持人不是那麼專業，有些報告人是對著稿子唸，沒有意識到他面對的是世界各國的人士。現場的時間控制曾比表訂晚了二十分鐘，也沒人出來說明；不同的活動是由不同的單位負責，協調上也不是那麼順暢。

這個書展本來就不期望每個參觀者從頭逛到尾，踏遍每一個角落，這和其他的產品展覽，如電子展、汽車展等不同，你會想儘量看遍所有的產品，但書本有文字上的隔閡。每位業者都是先約好對象在此碰面，針對有興趣的標的在其攤位內進行討論，一般每個商談以三十分鐘為單位，因此必須非常精準、聚焦才能達到目的。

書展和其他展覽不同之處，還有展出的不只是商品，有很重的文化交流成分。在每個展場都設有數個演講台或論壇，每天從早到晚有不同的節目，以德文最多，但是英文場次也夠豐富了。若能有計畫地安排，光是來「聽」書展，也可以一次在這三五天當中聽到很多出版界發展的新想法，或者作家的創作心靈，我也趕去聽了旅居海外的高行建與楊煉一場「在異國創作」的對談。

在這種文化競技場，每個國家都會想要有攤位，就像國際博覽會或奧運一樣，而且在攤位設計上爭奇鬥豔，並推出名作家來站台，希望能吸引世人的注意。不過經濟與文化的實力還是很「現實地」被呈現出來，台灣館對面的幾個東亞國家的內涵，確實還是不如歐美國家的氣勢與充實。

版權優勢展現文化實力

台灣的表現還算可圈可點，在主題上以「Infinite Taiwan」來對抗今年幾乎無所不在的主賓國中國。在活動上有龍應台、張大春及陳玉慧的講演及對談；同時我們還安排了一個現場寫書法的桌子，幾天來吸引不少來「索字」的人，場面很熱鬧；我們所提供的購書袋設計鮮明，尺寸也較大，可包容其他的袋子，到處可以看得到「Taiwan」，算是一次成功的外交出擊。

中國館裡「台灣地區」出版物上面的「小貼紙」是一個有趣的插曲，許多書本上貼著醒目的小貼紙「若有跟一中思想抵觸的文章內容，概與籌劃書展者無關」，凸顯了大陸在處理台灣問題上的窘境。他們所挑的兩百本書基本上多是工具書，完全不能代表台灣出版的內涵，根本不會有「思想」的問題，反而顯得畫蛇添足。法蘭克福書展之所以做得如此盛大，歷屆主持人都會堅持，其宗旨就是允許世界上任何出版公司展出任何圖書。

在台灣展區經過「書展基金會」的用心規劃，反映出台灣出版的多元性、深度與廣度，比較可惜的是台灣的出版界來此多半是找外商談版權「購買」，只有少數來「銷售」自己的版權，如郝廣才推出的格林童話繪本，和郝明義從紐約出發的Locus。在知識經濟時代，「台灣知識的入超」可能無法彌補我們在「商品上的出超」，版權優勢代表的才是文化的實力。

在國際館區一樓的中國館設計可看出其用心，但以省為單位的出版品內容，還是反映了其現階段的水平；結合漢語學習熱潮的「孔子學院」也佔了顯著位置，在其他展區的專業展館，我有看到北大方正、漢王等相關事業單位，當然還有隔年就要舉辦的上海世博攤位。另外，在電影館，我觀賞了紀錄片《我雖死去》，內容是北京師大女附中副校長卞仲耘在文化大革命早期被學生活活打死的記實；印尼華僑學生到北京的《尋找成龍》；以及維吾爾少年足球《*maimaiti's 2008*》三部片子，各有其特色，印象非常深刻。

中國做為全球人口最多的國家，圖書出版規模已號稱世界第一，雖然其出口的版權應該還很有限。但我聽了二場兒童文學作家的發表，他們的作品都有好幾國的翻譯本，且發行數量也不少，因為內容似乎沒有什麼意識型態，因此連歐洲國家也能接受。中國閱讀市場本身之大，也是世界各國出版人必爭之地，大陸結交了很多德國的漢語通；改革開放之後，大陸出國的人多了，僑居在德國的人也不少，通德語的人也早超過台灣。相形之下，台灣在品質及深度上必須突出我們的內容及特色，才能讓台灣在泛華人出版及文化領域中，不被忽視。

（原篇名〈從法蘭克福書展看中國文化外交〉，載於《經理人月刊》，2009.12）

上路觀看不同的風景

每年有超過五千萬人造訪京都，其資產豐富、新舊融合，在工藝美學、職人文化、工匠精神，以及美食文化、經營模式等面向上的長時間積累，形成創意古都深厚的特色。

有人以「世界級的戶外古美術館」來形容京都，不論是她的寺廟、町屋、庭院、市場、巷弄、河川，各式各樣的博物館、美術館、工藝館、民藝館都有可觀之處，而且密度極高。在英國的巴斯（Bath）充滿歷史建築（historical landmark），從羅馬帝國時期的浴場到文藝復興以降各時期代表性的建築，都並存在同一個城市的不同街廓，因此「整座城市」被聯合國標定為「世界文化遺產」。

每年有超過五千萬人造訪京都，不只是在她的「古與老」，也有很多的創新，不只是文化與歷史，在科技、經營管理上也有很突出的表現。京都出身的諾貝爾獎得主比東京還多，京都經營風格的企業在日本失落的二十年，表現也比東京的大企業相對地好很多，二次大戰美軍轟炸日本時，也特別略過這個有許多世界遺產的文化古都。

政大EMBA的每一屆、每一班都可「由下而上」自主規劃一門「境外」課程，離開教室、教科書，自己建構學習相關的課題，並且規劃行程。我們希望用「眼、耳、鼻、舌、身」，實際到國外相關的場景，從現場「人、事、時、地、物」直接去觀察、理解新舊文化融合、創意古都中的各種元素，刺激同學們的意念與反思。

腳踏實地刺激思考與創意

二〇一四年我們在規劃考察京都時，當地的豐富資產若以「智慧資本」的概念來看，可以包括自然、人造、社會及人才等。四個面向經過長時間的積累、相互交引纏繞，形成京都深厚的特色，是這次境外學習的基本框架。

「上路，才會看見不同的風景。」我設計了幾個「遊中學」的課題，出國前大家先做文獻資料的蒐集，實地訪察回國後，再做心得發表，請熟悉日本的老師、專家來評論，檢驗同學的觀察研究是否到位。

和京都相關的研究議題包括：

一、重訪「京都式經營模式」，他們還持續傑出優越嗎？

京都出身的企業如：京瓷、羅姆、日本電產、村田製作所、日本電池、歐姆龍、東星、日本電容器等，比起大家比較熟知的日本企業對照組：日立、東芝、三菱電機、恩益禧、富士通、松下電器、新力等，其經營模式及績效確實有差別，與經營者的出身有什麼關係？

從一九九一到二〇〇一年，在營業額、營業利益、營業利益率、資產報酬率、股東權益報酬率等幾個面向，京都大學末松千尋教授研究的結果，京都組都遠勝於東京組，那我們的課題是，二〇〇二～二〇一二年的十年間，仍和前十年的表現一樣突出嗎？

二、日本茶道美學、職人文化與工匠精神的源頭。

欲了解日本美學的源頭，必須了解什麼是侘寂精神（Wabisabi）。不完美、天然、樸素、模糊與矛盾等都是其元素，一般日本人也不易說清楚。我們會希望透過一些參觀的景點（西陣織會館、愛染工房、京都的博物館、滋賀縣立陶藝の森），實地去了解日本的手感設計及工藝美學。京都因有一千二百年為皇室所在地，形成一個穩固結構性的消費，從皇室、貴族、武士，到服務他們的人，因祭典、儀式的需要，自然孕育養成出「供給面」的工匠與達人，他們只要鑽研技術和創造，就會有人欣賞、買單。

三、在京都的「新舊融合」方面，我們以京都車站、華歌爾、美秀美術館（MIHO Museum）為參訪研究的標的。

京都車站是綜合了車站、百貨、旅館、購物中心、餐廳、市民廣場共構的創新典範。二十年來，車站改造很少超過這個空間設計的創意。

創立於京都的華歌爾有內衣博物館，收集了全球內衣的歷史，也有對人體深刻研究的「人間科學研究所」，也是傳統產業的持續創新的典範。

貝聿銘在羅浮宮之外，為美秀美術館創造了另一個接引觀光客進入的設計，是從桃花源得來的靈感。「陶板名画の庭」則是安藤忠雄以清水模、水泥牆面建構出來的空間，融合在都市街廓內的另一個藝術空間。

四、京都是日本「教育創新」的引進者及催生者，從京都大學到民間企業都很重視基礎研究及基本度量衡，這和京都產出比東京更多的諾貝爾獎有關。

例如：島津製作所從理化實驗的燒杯、儀器，到由發明質譜儀的上班族田中耕一獲得諾貝爾獎，這類做測量儀器的公司在京都特別多，也是典型的中堅企業。

關西研究院（Kansai Research Institute, KRI）類似我們工研院，原是大阪瓦斯的儲氣槽所在，改建成一科技企業進駐的園區，成為研究、育成、創新的群聚。

京阪奈關西科學城座落在京都、奈良、大阪交界之處，有許多企業將實驗室、研發中心建設在此園區，同志社大學亦有系所設在其中，加上地方政府的努力，為關西的產、學、研共同致力於創新。透過參訪這二個科研機構，希望一探京都產、學、研之間的互動。

五、最後，京都也是美食文化的代表，我們將以「美食之都」的標準來檢驗京都。

從日本料理學院（The Japanese Culinary Academy）的功能與業務，了解日本和食的國際推廣。請旅行社安排了超過七顆以上米其林星星的和食料理，讓同學親身體會京都和食的特色。

透過支援京都廚房長達四百年的「錦市場」，了解這些商家是如何維持其傳統的食材、相關廚具及調味料的供應。京都也是特別多酒場、飲料「品牌」的發源地，這些都是值得我們去挖掘的。

除了以上五個主題外，我還要求每位同學以自己拍的十張照片來總結這次「京都行」的參訪心得，並聚焦在某一個印象最深的主題，如：「由小見大」、「境移心換」、「由外而內」、「體小相大」。期望透過這些規劃與安排，讓同學的遊中學有最大的收穫。

（原篇名〈上路觀看不同的風景，刺激意念與反思〉，載於《經理人月刊》，2014.10）

歷久彌新的京都傳承

以「竹簍便當」出名、有三百年歷史的「萬龜樓」，座落在市街內的一間町屋，在有限的空間交錯中，設置了小庭院、花園、水池，做為視覺的緩衝，字畫掛飾低調地烘托出其夙昔風味。

二〇一四年底帶EMBA同學到京都參訪六天。除了京瓷、華歌爾、大阪瓦斯設立的「京都研究園區」，也參訪了好幾個傳統工藝單位。京都四周的寺院庭園很多，處處皆美不勝收，歷史文化遺產豐富，舉手投足的邂逅都是文章。

我們為了理解侘寂的主題，走訪了一些「工藝職人」同時也是經營者，在其工作場域理解他們的作品與創作過程。首先是傳承四代的「愛染工房」，主人夫婦與我們分享他們的產品在大英博物館、V&A博物館的展出，並娓娓道來純天然藍染的技術，很多人在賣店裡刷了不少卡，為這些「故事」付出代價。

有三百年歷史的「萬龜樓」，其以「竹籆便當」出名。第三十代的主人同時也身兼主廚，應我們的要求以高跪姿勢在宴席榻榻米上，為我們介紹竹籆裡十多樣精緻的菜餚。餐後主人夫婦在門口為我們取鞋服務，並很樂意和大家合影。席上的字畫掛飾有一幅是草書的「無事是貴人」，另一幅是「忠臣藏」四十七烈士為主報仇前一夜餐會的畫面，很低調地烘托出其夙昔風味。

萬龜樓座落在市街內的一間町屋，在其有限的空間交錯中，也設置了幾個小庭院、花園、水池，做為視覺的緩衝。另一家「順正 Junsei」湯豆腐餐廳在「順正書院」原址經營，其建物之間的庭園空間更是開闊，池中錦鯉悠遊其中。席上是京都有名的「豆腐料理」，也確實呈現豆腐的多種層次、多種口味的調理，吸引不少觀光客上門。

侘寂與頓悟時空情境的必要

在高台寺的「茶道教室」裡，由茶道老師解說並實際演練了茶道燒水、抹茶、轉杯的動作，並進行奉茶的禮儀。接著進行發人深省的問答，住持法師很有禪意地回應一些相關的茶道精神問題，讓許多身為企業資深幹部的同學，當下得到對工作與生命的頓悟。

在世外桃源的美秀美術館，大家遊走在貝聿銘渾然天成的迎賓隧道，接著經過吊橋到主館內。展館設計有大量玻璃可以藉助外部的山林風景與自然光線，增加體驗美學的厚度。導覽員對收藏品的介紹，也增長了我們對世界不同文明的學習深度。這趟境外學習全程還有「京都造形藝術大學」的陳昌仁教授以地陪身分，為我們在白天及晚上傳授了很多在地知識及在地觀點。

伏見地區的水質特別好，許多名酒、飲料來自於此。名酒月桂冠大倉紀念館是一家企業博物館，收藏六一二〇件「京都市有形民俗文化財」。他們以真材實料做成一比一尺寸的傳統造酒器具，牆上並有表現製造程序的圖畫，還收藏了早年的商標、海報、照片、計秤、酒罐、酒瓶。紀念館設有品酒處及商店，我曾參觀過札幌啤酒觀光工廠及龜甲萬醬油工廠及其美術館，各有特色。月桂冠紀念館附近還有坂本龍馬曾下榻的旅店舊址、月桂冠總公司新大樓、和大倉家族日式傳統房舍，都緊鄰並存於同一「歷史街道」。

京都商會理事長曾說二十一世紀的產業是「智慧型產業」，而京都企業正是立基於千年古都所豢養的職人優勢，以其手藝及工匠精神展現出祖先的生活智慧。加上在地社區豐厚的風土，但又能連結到現代消費的需求，因而創造出嶄新的價值。京都因長年做為首都，需制方圓、訂規矩，也造就當地成立很多儀器測量衡相關的傳統產業，對今日京都地區精密工藝、材料、基礎科學的發展有一定的影響，有別於其他以最終產品量產規模為主的產業。

文理大道與創新本同源

大阪瓦斯在市區南邊原本有好幾個巨大的瓦斯儲氣槽，七〇年代因進口液態瓦斯，改由油管直接從港口輸送，只留下一、二個做為緩衝的調節槽。這塊空地在一九八九年被規劃成育成明日企業的孵化器，經過二十五年，目前有三百家中小企業、微型新創團隊進駐，發揮創新、產學研交流、集聚的效果。當初曾規劃過發展成商場或做其他使用，但因地點就在都城的中軸線上，他們決定一秉服務市民「能源」需求的精神，繼續扶持、驅動京都的未來的成長「能量」，應是較有意義的事。

在當今世界競技場上，京都以上述在科學與技術上深厚的實務智慧、傳統工藝，加上設計，經常能獨樹一格、實現商機。去年十二月十一日，TEDxTaipei 邀請的 George Arriola 正在籌劃一個京カリ（Kyoto California）的計畫，他提出一個百年產品的思維。有感於科技產品汰舊換新的速度太快，希望產品能更環保，傳承於更多世代。他用一個金屬茶罐為例，罐蓋與罐身精確地會自動滑下密合，整合了傳統工藝和精密金屬加工技術，此一茶罐可以用好幾個世代。

陳立恆常說，一百年後法藍瓷的產品還是很美，而且能夠使用。反觀蘋果 iPhone 5 再過五十年大概就已成為古董，應該也無法使用；以不同時代的眼光，屆時的機械美學或設計時尚不知是否仍被肯定。傳統因受尊重而被保留，而時空在變化，能「與時俱進」增添新的內涵與意義，才能歷久彌新。這些古物、文化遺產是一個社會在未來的創新時不可或缺的元素，與重要的滋養，也需要一定的投資，但台灣能做到多少？

（原篇名〈歷久彌新的京都傳承〉，載於《經理人月刊》，2015.02）

失控的觀光旅遊：變質的人文與土地

世界是平的，人的流動性改變了城鄉的面貌。人進人出，對土地、人文、空間，會有什麼影響？旅遊業和全球與在地、消費與永續、自然生態與人文歷史息息相關，深入了解才能找回旅行的真義。

二〇一四年來台的旅客應已接近一千萬人，從五年前的五百萬人左右倍增，這些人的進出對台灣城市及觀光景點的承載量有很大的影響。很多國家或城市的旅客人數超過其「常住人口」，透過什麼政策、要如何營運，才能因這些觀光客的到來，增加當地就業機會、提升生活品質，同時能夠吸引未來的觀光客持續造訪，並帶走愉快的經驗，這是值得深入探究的議題。

阿里山、日月潭、故宮、夜市等觀光景點，陸客的口音成為大宗；東京銀座百貨公司也都要聘僱華語的銷售員，週末走在銀座步行天國聽到的多是華語。二月十四日情人節，我在溫哥華街道上看到、聽到的也多是亞裔的人。世界是平的，人的流動性改變了城鄉的面貌。

日前也報導，國內生態環境較好的台東海岸及花東縱谷吸引了都會的移民潮，土地漲價後，對當地的農民、農地有所影響。宜蘭平原稻田中一棟又一棟的別墅蓋了起來，整個蘭陽的天際線與視野變醜了，這個損失由誰來負擔，是在發展無煙囪工業時不得不注意的事。

城鄉是為「誰」存在？

最近看了《旅行的異義：一趟揭開旅遊暗黑真相的環球之旅》（*Overbooked: The Exploding Business of Travel and Tourism*），透過對法國、威尼斯及吳哥窟等地觀光文化的探討，上述現象在這些地方也都發生過、被檢討過。作者是個四十出頭歲數的記者，但工作旅行已跑遍全世界，這本書涵蓋的地理範圍橫跨歐、亞、非、美、中，與其他的旅遊書不同的是，除了景點的歷史演進，作者還討論觀光政策及旅遊產業的營運，也全面性地探討文化、土地、社區、工作、農業、自然與生態。

我自己也喜歡旅行，對旅遊業的經營也非常感興趣。它是一個包含交通、住宿、餐飲、觀光景點，多重平台的操作，且要跨國連結，在沒有網路的時代，若能站穩「結構洞」，自然能夠生意滾滾。而在網路、行動裝置普及後，P2P的Airbnb、Uber會掀起一些變革，顛覆傳統旅行社的結構，但旅遊的核心還是要到達實體消費的景點，因此觀光的資源是有其承載力（Carrying Capacity）的問題。此外，還有原本的住民和觀光客之間互動與供需關係，任何城鄉是為「誰」而存在？

在開放的年代，人進人出，對土地、人文、空間，會有什麼影響？如書中描述威尼斯或普羅旺斯的原住民紛紛離開，很有特色的地方小店一家家收掉，原來的味道不見了。一般只圖看熱鬧的觀光客或許不一定會察覺這些微妙的變化，但對許多旅客來說，走味的景點只剩下硬體的軀殼，軟性的人文風土不再，就會失去對自由行、背包客的吸引力。蜂擁而至的遊覽巴士帶來的「量」已改變了它的「質」，特色小店被千篇一律、外地製造的紀念品所取代，青年人不願居留的城鄉，餐飲服務即使勉強維持地方特色，卻是由外來打工的族群替代，這是各城鄉發展觀光產業或地方社區營造所想追求的景象嗎？

觀光消費與體驗經濟

除了文化觀光，作者也剖析遊輪和杜拜來探討「觀光消費」。二〇一三年暑假在地中海遊輪的假期中，我曾仔細觀察了這種型態的旅行經驗，一千五百人服務四千人的營運內涵及作業手法，是作業管理很好的教學個案。從消費心理來看，「畢生難忘的假期」、「絕佳暫離凡塵」（The Great Escape），也是體驗經濟的最佳寫照範例。杜拜我雖然沒去過，但以「海市蜃樓」為標題，相當貼切地探討了產油國家如何在坐擁「黑金」之外，投資創造超越世界的消費天堂，作者當然也深入檢討其背後的文化與環境生態代價。

接下來以尚比亞、哥斯大黎加和斯里蘭卡三個分別座落在非、美、亞不同國度的自然觀光、生態旅遊。有別於人造的文化及歷史資本基礎，它們是用大自然的秉賦，直接呈現，吸引觀光客的眼光來享受不一樣的文明之體驗，再宏偉的建築在那裡只是無足輕重的配角，野生動物、鳥類、森林、大地原生的面貌才是主角。雖然這樣的自然資源也需要對應的政策及管理維護方式，如國家公園、野生動物保育、雨林及森林的捍衛。它們都同時要和貧窮、糧農、建設、教育、革命多面作戰。狩獵旅行、綠色觀光、戰地風光只是一個奢侈的幻象？

旅遊產業的終極關懷

最後針對觀光的「新巨人」中國和「老巨人」美國進行探討，這二個國家人口眾多，地大物博、景點也多，不只是「國內市場」的潛力，其出國人口也是支撐未來全球觀光業的主要動力。作者特別以大陸的「黃金週」來勾勒其機會與問題，對比美國聯邦政府在這方面的不作為，大陸從中央到地方，無不積極開發此一無煙囪工業，其軟件、硬件都在快速學習到位中。最近英國式管家的課程在大陸很夯，六、七星級酒店及設計旅館也如雨後春筍。

我們很少真正了解過各國從政府高層的政策到第一線的業者是如何在影響、運作我們以為熟悉的旅遊業。其實這個無煙囪行業和全球與在地、消費與永續、自然生態與人文歷史都息息相關，這才是我們應注意的終極關懷，也才能找回旅行的真義。

（原篇名〈失控的觀光旅遊：變質的人文與土地〉，載於《經理人月刊》，2015.06）

右上：有人說余光中的「天空很希臘」難以表達？這種藍白對比的地中海風情是否其中一種可能的表達？

右下：紅色是此地少有的顏色，和慵懶的黑貓成為強烈對比。

左：藍白加上光與影，每個角落都有畫面。建築物的幾何圖形線條增添許多構圖的趣味。

右上、左上：長達300公尺的遊輪，1,500名人員服務4,000位旅客，其營運規模超乎想像。集旅遊、餐廳、賭場、秀場的綜合休閒移動城堡。

右下：菲律賓籍的服務生也是遊輪業的主力從業人員，每人每次負責打掃一、二十個房間，待遇還不錯，又可以環遊世界。

左下：威尼斯的船伕也是有型的帥哥，搭配在運河中穿梭所看到的景觀，和陸地上的景色不完全相同。

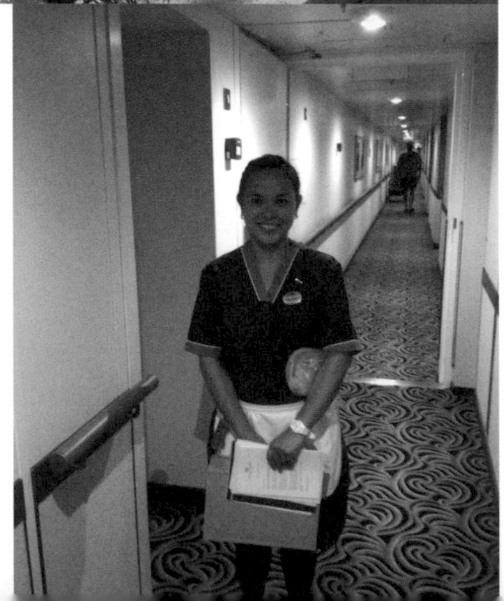

Danjul

右：在峇里島中英國人經營的斷食排毒療法，在海邊的別墅和漁民共用的海灘，共享自然風光，同時維持各自的生計。

左上：拉斯維加斯的「威尼斯商人」酒店，船伕偶爾會高歌一曲助興。

左下：2008 年拉斯維加斯正在興建中的市政大樓，賭城結合會議、娛樂、購物多元發展，市政服務也要跟上。

Nola
Nolee

右上：泰國的文創設計產業走出自己的風格，吸收比台灣更多元包容的異國文化。長期以來，歐美人士旅遊避寒的首選曼谷，曾經是許多國際最佳旅館的所在。

右下：泰國藍象廚房的廚藝體驗課程，也要有專業的配備，並能設計出由一般人烹調不會失敗的菜單，讓顧客會有一定的成就感。

左上：泰國寺廟裡的中國神像點綴在其中，反映了華人文化在東南亞的影響。

左下：曼谷藝術文化中心的巨型戶外雕塑，意象十分突出搶眼。

右上：2009 年法蘭克福書展，中國是主賓國，在影片展演的部分放映了一部文革時期的紀錄片，相當令人震撼。

右下：中國大陸的兒童文學作家，內容沒什麼意識型態，已授權到許多國家，值得我們注意。

左上：偉士牌機車的展示館有非常精彩的公司歷史和機車的設計創意展示，充分反映義大利人的幽默。

左下：偉士牌機車的歷史檔案室，將不同年代的機車設計原稿、會議紀錄、廣告宣傳、海報分門別類的保留下來。台灣有多少企業擁有這樣的史觀？

1916 1917
1920
1923 1924

右：西班牙伊比利的煙燻火腿價格區間很大，口味、年份也差很多。

左：巴塞隆納城市的地景之豐富，少有城市能媲美，高第的作品到處可見。

NITS D'ESTIU
A LA PEDRERA
La Pedrera
Secreta
Jazz al Terrat
de La Pedrera
Chema Madoz
Ars combinatoria
Exposició fins al 28 de juliol de 2013

右上：馬賽的星巴克，休閒觀光的味道較濃，和許多在地居民光顧的氣氛不太一樣。

右下：巴塞隆納的畫家市集，氣氛非常悠閒，廣場周邊有很多咖啡座。

左：筆刷成為畫布，亦是另一種創作，跨媒材的想像空間特別活躍。火柴棒亦可成為創作素材，「點燃」是許多活動、運動的啓始動作。

第三部
那些年從移動教室學到的創新

Learning innovation through mobile classroom

話說日不落所的翻轉足跡

政大科管所的海外創新參訪學習，以及啓動「台灣創新之旅」，透過交流、對話產生觀念與知識的撞擊，讓「知識地圖」不再只是抽象概念上的知識分類，還是可以具體的「印記」在地圖上的知識饗宴。

一九九五年政大科管所成立第一年的暑假，應當時商學院林英峰院長的期許，我們規劃了第一次的歐洲創新之旅。因當時管理學界的教授以留美的居多，所用的教材、個案也多是以美國的企業為主。林院長在一九八九年休假曾在歐洲進修一年，深切體會到歐美的差異；林院長認為歐洲許多小而美的國家，和地大物博的美國，在科技與創新管理有不同的理念和作法，值得我們學習。科管所也因持續執行，並建立起境外學習的典範，快速能和政大企研所有所差異。

這些海外創新的參訪學習，包括十次以上的歐洲之行，踏遍了東西南北歐；近十次的美西、美東。也多次因不同目的的專案，帶領碩博士生或ＥＭＢＡ同學參訪日、韓、大陸、港、星、泰、印度、紐澳，最遠亦到過智利。大小城市都有，停留的時間長短不一；拜訪的機構涵蓋產、官、學、研，各種園區、育成中心、技轉辦公室。更重要的是，因接待的人多是創新、創業、經營管理或政策相關的學者專家，透過交流、對話產生觀念與知識的撞擊，是最大的收穫。我的科管或創新的陶養，有一半以上是從這些現場的激盪學習來的。

參訪的對象不限於企業

以產業為例，在荷蘭安荷芬（Eindhoven）的飛利浦，我們就曾於一九九六、二〇〇二、二〇〇六三次造訪，分別與照明部門、智慧財產權處以及設計研究中心進行互動與研討，學習到百年多國企業的全方位作戰，這三個部門在飛利浦創新轉型中各自扮演的功能與貢獻。在電信產業，一九九七年參訪了 Nokia 和易利信，這兩家當時如日中天階段的電信公司；也在二〇〇〇、二〇〇一年拜訪了在上海的大唐電信，廣州的中興、華為，當年打底功夫、奮起的階段。在ICT方面，上海中芯半導體的張汝京、北京聯想的柳傳志，都有機會聽取近一小時的簡報與問答。高科技聖地矽谷也曾多次造訪，進入HP、Intel、應材、Apple、美商藝電、Google等一窺堂奧。

汽車產業的經驗最多，在慕尼黑BMW的研發中心參觀了氫氣車及碰撞試驗，也到過瑞典Volvo、斯圖嘉特的Benz，這幾家都有他們自己的「汽車博物館」，對汽車發展的歷史一目了然。德國狼堡福斯汽車城，更是從製造轉型服務的主題樂園；二〇〇七年到上海嘉定汽車城，參訪同濟大學剛落成的汽車學院，包含十二個研究所及好幾個實驗室，還有F1賽車場以及德國住宅村，印象深刻。同一產業，這些跨國的經驗，對全球產業形貌有交叉印證的機會。

政府單位，除了歐洲各國的科技政策單位、創新或創業育成機構外，還有歐盟在布魯塞爾總部的科技政策處，也二次到史特拉斯堡的歐盟議會，美國華府的國家衛生研究院（NIH）、國家標準局（NIST）、美國專利局（USPTO），瑞士日內瓦國際電信聯盟通訊（ITU）。這些制訂國際間「遊戲規則」的組織及業務才是主宰產業發展的角色，台灣的企業整天嗡嗡嗡「忙做工」，議價能力極低。

科研的系統不只是實驗室

在學術及研究方面，二〇〇二年到瑞士巴賽爾的羅氏藥廠，以及蘇黎世的IBM實驗室；MIT的Media Lab、電腦暨人工智慧實驗室（CSAIL），也拜訪過多次，了解世界最前沿的研究和技術。瑞士洛桑管理學院（IMD）前後去了三次，聽過課並用過餐，瑞士最大的商學院聖加倫、巴賽爾大學的領導中心、哥本哈根商學院、法國楓丹白露和新加坡兩個校區的INSEAD、瑞典的倫得大學等都和科智所有多次互訪；還有大家不太熟悉的布達佩斯工業大學、茵斯布魯克大學，二校都各有四位諾貝爾獎得主；參加過牛津二次的創業大會（Venturefest），並造訪牛津的創新技轉中心（ISIS），比利時魯汶大學及其育成中心，劍橋大學及其科學園區，曼徹斯特大學及其園區，荷蘭馬斯垂克大學創新研究中心與萊登大學長達一日的學術交流。這些學研單位管理和創新的理論及實務，都豐富了我的教學與研究。

在園區方面，從北京中關村電子一條街、清華園、清蔚園等育成基地，上海的張江、曹河涇高新科學園區內、各類型孵化器，到日、韓的各種園區，族繁不及備載。德國魯爾區內的路伊斯堡園區、十二號關稅園區、二〇〇二年瑞士紅點設計博物館、荷蘭花卉博覽會、在瑞士因特列根（Interlaken）四個鄉下小鎮的國家博覽會、愛丁堡藝術節、亞維儂藝術節、海德堡生技園區、萊登生技園區；尤其，瑞典IDEON育成中心、丹麥哥隆堡生態園區（symbiosis）、法國尼斯的蘇菲亞智慧型園區（Sophia Antipolis），這些都是台灣沒有的創新園區型態，成為我課堂上的創新教材及分享。

走完全世界之後，我們也啟動「台灣創新之旅」，每年全所師生也環島，了解台灣的創新機構。這些國內外的參訪景象歷歷在目，當時討論的議題以及激發的靈感依舊鮮明。「知識地圖」不再只是抽象概念上的知識分類，還是可以具體的「印記」在地圖上的知識饗宴。「日不落所」指的是科管所因強調國際交流，申請交換的同學很多，每天隨時都有學生在世界上不同的角落，他們也都會在網路上分享他們在當地的經驗，等於在世界各地都有眼線為你吸收最新的動態，互相分享。

下表為政大科智所海外創新之旅歷年參訪的國家城市、主題和機構，大致可以反映出我們的規劃和學習成果：

年度	參訪主軸	城市	代表機構
1995	科技管理研究體系、高科技企業教育訓練內涵	倫敦、曼徹斯特、巴黎、慕尼黑、布萊登、薩爾斯堡、維也納	全球最著名科技政策研究單位（SPRU）、法國 Thomson 公司
1996	產官學研之創新體系、跨國企業之科技策略	阿姆斯特丹、安荷芬、卡爾斯魯、斯圖嘉特、蘇黎世、日內瓦、茵斯布魯克	Acer 歐洲總部、Philips 飛利浦公司總部照明事業、ISI（德國系統與創新研究中心）、IMD、蘇黎世理工、洛桑理工
1997	高科技企業之經營管理、知識經濟	聖彼得堡、赫爾辛斯、斯德哥爾摩、哥德堡、奧斯陸、哥本哈根	諾基亞（Nokia）公司、易利信（Ericsson）、Volvo 、STEP、哥龍堡生態園區
1998	教育與產學研合作創新、產品設計與創新	愛丁堡、格拉斯哥、巴黎、里昂、尼斯、普羅旺斯、米蘭	愛丁堡大學、愛丁堡藝術節、Sophia-Antipolis（科學園區）、米蘭台北設計中心、亞維儂藝術節
1999	中歐、東歐的科技管理、研發管理、創新管理	布達佩斯、布拉格、波茨坦、柏林、慕尼黑	BMW 總部研發中心、Fraunhofer Institute、Max Planck Institute、Technology Center ASCR

年度	參訪主軸	城市	代表機構
2000	矽谷區域性創新系統、高科技企業創新管理	西雅圖、舊金山、矽谷	HP、Microsoft、Zymogenetics（生技）、Stanford University-CIS & CES/ Intel
2001	華府、紐約、波士頓研發機構及創新政策的創新系統 ＊驚爆九一一網站：美國政府因應之決策、教育人文與戰力、及種族仇恨、生活與媒體等探討。	美東（華盛頓 D.C.、費城、紐約、波士頓）	Uspto、NIH、NIST、FBI、賓大華頓學院、普林斯頓大學、耶魯大學、哈佛大學、MIT 創業中心、技轉中心
2002	科技人文與環保、科技政策與園區、科技創新與移轉	阿姆斯特丹、因特列根	羅氏藥廠、IBM / BENZ、聯邦科學技術暨文化事務局、花蕊博覽會、瑞士國家博覽會
2004	創業育成的政策環境、知識與空間	德國、芬蘭、瑞典、挪威、丹麥	Volkswagen Autostadt、Volve、BI 挪威管理學院、CBS 哥本哈根管理學院
2005	知識的傳存、展示與加值	大阪、京都、東京、名古屋	愛知博覽會、Sony、吉卜力工作室、手塚治蟲工作室、島津製作所

2006	綠能科技、科技管理、科技創新	阿姆斯特丹、安荷芬、史特拉斯堡、巴黎、滑鐵盧、馬斯垂克	Zollverein 魯爾工業區、ING 綠建築、飛利浦設計中心、明碁 BenQ Europe
2007	矽谷的綠色商機、管理跨國組織的秘訣	西雅圖、舊金山、矽谷、洛杉磯	Apple、EA / GOOGLE、Trend Micro、史丹佛大學、微軟、波音、星巴克
2008	中國渤海灣企業策略思維與創新、北京奧運創新	青島、天津、北京	康師傅、四維精密、羅昇企業、首都鋼鐵集團、海爾、大城長城、萬正集團
2009	英國文創產業培育與加值、創意城市與都市更新再造	英國（倫敦、劍橋、牛津、伯明罕、利物浦）	BBC、LIPA、CIDA、劍橋大學、莎士比亞村、設計協會、設計博物館、牛津大學 venturefest、V&A 博物館
2010	中國文創企業經營與發展、上海世博的規劃與創新	杭州、上海	中南卡通、西溪創意園區、河馬動畫、上海規劃館、印象西湖 、張江科技園區
2012	數位內容創意、服務體驗、科技創新	首爾	三星電子、韓國電影振興委員會、上岩數位媒體城

（原篇名〈日不落所的心旅足跡〉，載於《經理人月刊》，2015.04）

歐洲科技創新之旅首航（一）

在巴伐利亞首府慕尼黑拜訪了其工商總會，聽取德國的商會在職技訓練體系中承擔的重任，了解其自中古世紀以來對技術品質的執著與認證的傳統，是德國競爭力很重要的根源。

如果在網路上可以看到羅浮宮中的名畫蒙娜麗莎，為何還要千里迢迢跑到巴黎去旅行？如果在網路上可以讀到最新的論文，為何還要遠渡重洋與外國的同行進行面對面的交流研討？如果遠距離教學可以實現，還需不需要有校園？學習真的可以完全透過電腦及網路，學生真的可以從映像「管」中窺得天文地理、各種科技？傳統教室與老師應扮演什麼角色？

在「秀才不出門，能知天下事」的諺語即將成真之際，政大科技管理研究所舉辦了一個「歐洲科技政策與管理考察研習團」。全所老師及一半以上的研二同學利用一九九五年暑假結束前二週，走訪英、法、德、奧四國，實地了解其產、官、學、研相關機構，學習歐洲在科技管理及政策方面的課題。從教育的觀點上，我們相信「行萬里路」和「讀萬卷書」一樣重要。

政大有鑑於「科技」及科技產業在台灣未來的經濟發展中所佔的重要性，以及對懂科技又懂管理的人才需求之迫切性，特在一九九四年前成立了「科技管理」研究所。在科技管理研究所二年的學習過程中，我們試著提供同學較「多元化」的學習活動，培養同學有較寬廣的視野，在面對日形縮短的技術與產品的生命週期，及不確定的科技與市場變化中，有較佳的解讀力與判斷力，不致迷惑於狹窄的專業或技術的偈促。

從無中生有到因緣聚足

很多人在管理教育中強調「國際化」，但說的容易，真正落實的少。大部分的師資及教材還是來自北美，前幾年對日本的資訊也多少有一點。至於對德國、法國的科技與產業所知則極為有限，語文當然是一大障礙，但國際化的意識並不透徹才是主因。台灣經濟過去依賴日、美兩國較多，也自然形塑我們偏美日的世界觀。隨著世界經濟的重組，我們的出口及對外投資也逐漸分散（兩岸是另一問題），加上我們本身技術及經濟能力的提升，我們也更需要有較平衡、周延的國際觀，才能形塑較正確的政策與策略。

在學校中較具體能做的，就是想辦法開出相關的課來，我們邀請了歐洲實務經驗很久的國科會企劃處處長孟憲鈺（電機博士），開設「歐洲科技政策與管理」的專題。在課程中我們還邀請其他對歐洲有經驗的專家學者來探討歐盟的歷史、政經概況，以及西歐各國的科技、研發、產業、環保、交通、能源等政策，還特別研討了德國的管理模式。同時籌劃此次歐洲科技之旅，讓同學從旅行中親自去感受一下西歐各國的人、事、物，面對英語不能暢通的世界，拿著地圖去找路、問路、坐車，或拿中華民國護照入境不同國家，是真正國際化的第一步。師生一同長途旅行亦是我們的嘗試之一，二個多禮拜的朝夕相處，一起遊歷觀察、交換心得，其效果應非單純在教室上課所能比擬的。

研修考察的重點

在法國我們拜訪了以大型電機、電器消費品著稱的湯姆笙集團的湯姆笙校園（Campus Thomson），目睹了頂尖的高科技公司如何投資在人力資源的教育訓練上，及對一家擁有多元科技的公司如何透過內部的協調與進修取得最大的績效。法國的企業經營不同於英、美或德國之處，是過去我們較少理解的。

在德國研修的考察重點放在巴登•符騰堡（Baden-Württemberg）和巴伐利亞（Bayern）這二個邦，他們在德國高科技方面表現較突出。企圖了解當地的產、官、學、研的合作網路，銀行與企業間，企業與勞工之間的關係，使他們能成功地轉型進入第三波經濟。在卡爾斯魯的系統與創新研究中心（ISI），聽取了有關整個德國的科技研發體制、歐盟科技政策對德國科技研發的影響，以及國際合作研發的最新研究。在巴伐利亞首府慕尼黑拜訪了其工商總會，聽取德國的商會在職技訓練體系中承擔的重任，了解其自中古世紀以來對技術品質的執著與認證的傳統，是德國競爭力很重要的根源。

在奧國拜訪的 IIASA（International Institute for Applied Systems Analysis）是一

國際性的研究機構。在冷戰時代，美蘇兩國希望能共同從事一些與政治無關，但和整體人類有關的研究，選定了位於維也納的一座舊宮殿（二次大戰期間曾為俄國的總司令部），目前聚集了一百多位來自各國的學者專家，其研究比較關心宏觀的大科技問題，如環境、能源、大氣變遷、東歐及蘇聯技術發展、技術移轉等題目。

規劃的想像與動態的調整

早在三個月前即與受訪單位聯絡，因我們去的時間正好歐洲人多半尚在假期的尾聲，所以安排起來較費周章，更何況科管所剛成立，名不見經傳，對方為什麼要理你、接待你。行程經過數次修正，拜訪單位的時間也做多次調整才得以完成。行前同學從台北的英、法、德文化中心，以及圖書館、書店和網路中去尋找有關我們所行經的幾個城市及拜訪機構的資訊。從這些不同的「資料來源」所能獲得資訊的「質」與「量」，和我們到該些城鎮實地旅遊時的差異做一比較。有哪些心得是非得出門「親臨當地」才能理解的，即俗話說的「百聞不如一見」，而又有哪些是應在家中準備的功課。行前課堂的研討與報告，同學們可以說是在「行萬里路」之前，也先「讀萬卷書」，讓這次「歐洲科技之旅」更為紮實。

（原篇名〈讀萬卷書，行萬里路——從政大科管所歐洲科技之旅談起〉，載於《經濟日報》，1995.09）

歐洲科技創新之旅首航（二）

伯明罕，這個過去被稱為黑鄉的重工業城，經由阿斯頓大學、地方政府及洛伊德銀行共同投資經營，將原本荒廢沒落的住宅區，改造發展成一個高科技工業園區，是一個產官學研合作成功的案例。

希望台灣的商管教育能培養同學有國際視野談了很久，但能實際上去做的並不多。從旅行中親自去感受外國的種種，是培養國際觀的第一步。而師生一起觀察，一起討論，是遠非課堂上的「書中學」所能及的。

一九九五年政大科管所首創「歐洲科技創新之旅」，「遊中學」對第一次出國的同學來說，也是一次「文化震撼」之旅。很多同學是第一次搭乘國際航線長程的飛機，也體驗了英法海底隧道的「歐洲之星」、巴黎到科隆的高速鐵路、四個國家的捷運地鐵、沒有速限的高速公路，以及塞納河與萊茵河上的遊輪。旅途中數度穿越孕育歐洲文明與工業革命的泰晤士河、萊茵河及多瑙河。

第三波經濟的調整轉型

儘管出發前密集上課惡補歐洲相關的歷史、地理、人文與環境，百聞仍然不如一見，而且一次吸收這麼多，實在是需要一些時間來消化。透過國科會駐外單位的安排，在二週緊湊的行程當中，我們拜訪參觀了與科技管理相關的產、官、學、研機構，並與當地的學者、專家、官員探討歐洲的科技政策與管理的諸多課題。此外，也特別安排參觀英、法、德三國的「科學博物館」，比較與了解他們如何傳承前人的科技遺產，如何為過去的科技做見證。

在英國我們遊歷了曼徹斯特及伯明罕這二個早期工業化的重要都市，雖然停留時間很短，也能約略觀察到他們從第二波產業的外移與衰退中，在第三波經濟中的調整轉型與復興。曼徹斯特有兩所管理學院，一是一九六五年英國最早成立的商學院之一，MBS（Manchester Business School），一是較晚成立的曼徹斯特科技學院（UMIST）的School of Management。我們參觀的是後者，該校即座落在瓦特發明蒸汽機工業革命的發源地，我們與該院「科技變遷及組織管理研究中心」（Center of Research on Organization Management & Technology Change，簡稱CROMTC）的教授們交換研究及教學心得。他們對政大可開出這麼多門課十分訝異，該校的必修課程很少，比較強調研究關於「科技變遷」對組織的影響，做過很多長時間有系統的研究，他們剛完成一份長達十年的「資訊科技」對「全民健保」的影響。另外，其「科技論壇」（Technology Forum）的組織也很有特色，結合科技管理界的產業、學術相互的交流，對雙方都有很實質的收穫。

從工業革命的發源地出發

在伯明罕，這個過去被稱為黑鄉（Black country）的重工業城，我們參觀了在阿斯頓（Aston）大學臨近的阿斯頓科學園區。該園區位於市中心，原是一個荒廢沒落的住宅區，經由阿斯頓大學、地方政府及洛伊德銀行共同投資經營，發展成一個高科技工業園區，吸引了小型高科技加工業及創新育成公司。因為經營成功，已吸引大飯店及購物中心來投資設點，使地方政府增加就業及稅收，學校多一個與業界接觸的管道，提供同學實習的機會，銀行也因為這些企業與地區的成長得到新客戶，是一個產官學研合作成功的案例。英國政府鼓勵各地方政府與民間合作，提出一些「跨世紀」的計畫，以體育、藝術或科技為中心，配合地方經濟特色，開發一向需要長期去推動的軟硬體建設，在各地方政府的提案中如競標通過者，中央政府可補助一半。阿斯頓便以這個園區及學校為基礎核心，提出一個八千六百萬英鎊的計畫，將臨近更大片的基地開發為一個包含大型科技展示場（做為博物館及技術擴散的功能）、新世紀大學、以及科技資訊交流中心等三大單元複合「科技村」。

位於英國南海岸的布萊頓（Brighton）是一觀光勝地，連續幾十英里的海岸一望無際，都開發成海濱度假區，在初秋柔暖的陽光下，令人印象十分深刻。在布萊頓北郊的薩克斯大學（Sussex University），我們拜訪了三十年前即成立的「科技政策研究中心」（Science Policy Research Unit, SPRU）創所所長福利曼（Christ Freeman），他是科技管理界的老前輩，雖已退休，還出來接見我們，為我們做簡報。隨後和其科技管理方面的教授就大型複雜系統的創新管理，以及後進國家的研發創新交換研究心得，他們對台灣近期在高科技方面的發展極有興趣，對亞洲包括新興四小虎及大陸也都相當關切，同時也企圖將英國往後競爭的優勢定位在大型複雜系統的管理。

此外，在英國還遊歷了倫敦古典雅緻的市區，當然不會錯過劍橋與牛津二個大學城。在當地導遊的帶領下，一睹劍橋有名的國王學院、三一學院的真面目。有二十八位諾貝爾獎得主曾在三一學院待過（或教或研或學），比整個法國的諾貝爾獎得主還多。雨中黃昏在牛津城穿越主要的幾個學院，管窺了英式噴煙的學習環境，呼應《影子大地》中的一些場景。另外，也途經以製造銀器著稱的雪菲爾城，參觀英國最大的購物中心 Meadowhall，見識了有五十個結帳台的超大超級市場。

文化遺產孕育創新的底蘊

在法國除了羅浮宮、凡爾賽宮、奧塞美術館這幾個重要文化景點，主要是去拜訪湯姆笙公司。湯姆笙集團是一以大型機電、國防設備、電器消費品著稱的公司，我們參觀了其訓練機構湯姆笙校園，湯姆笙的核心事業是以大型複雜系統為主，軟體在其產值中佔的比重很大，因此如何管理軟體，就成為他們很重要的課題。在巴黎南郊的湯姆笙校園，其設施等於就是一個會議中心，各種大小的會議室、教室、視聽設備齊全，還有一百多個房間的旅館、大小餐廳，我們中午在那裡享受了一次很正式的午宴，從飯前酒到定位入座，席間雙方的官式談話都讓同學們大開眼界。

在德國遊過科隆大教堂、萊茵河、羅列萊及海德堡，巴登・符騰堡有Benz、Bosch、西門子等企業，在卡爾斯魯的系統與創新研究中心，是屬於Froundfun Society（FhG）（類似我們的工研院）下的研究機構，不同於其他側重技術的機構，是一比較偏向經濟分析的研究所。

此次歐洲之行最大的感觸是，我們和歐洲學術界的交流與聯繫實在是欠缺，對彼此的認知相當陌生與無知。本島管理學界來自歐洲畢業的淵源較少，實質的聯繫相當有限。雖然我們偏向北美和日本，自有其歷史的背景，但所謂的國際觀就是要有較平衡的視野，在「蘇東波」（蘇聯、東德、波蘭鐵幕國家）瓦解後，並不等於北美地大物博的資本主義獲得全勝，歐洲比較接近我們地狹人稠的一些發展經驗，可提供我們另一種選擇。這次的旅行只是一個開始，回來後的聯繫、交流，以及往後的持續互訪，也不過是國際化的一小步。

（原篇名〈歐洲科技之旅見聞錄〉，1995）

歐洲科技創新之旅首航（三）

英國在量產產品的戰場上幾乎全軍覆沒，不到兩代時間，英國的家電產品、汽車全都拱手讓人，目前能爭取作為競爭優勢的乃在「大型複雜系統」——由多種不同科技系統整合起來的事業單位。

「學習、合作、創新」是政大科管所的所訓。從以知識為基礎的科技產業到學習型組織、從策略聯盟到合作網路、從科技創新到新產品及新事業的發展，都是同學們在二年中必修研習的課題。「終身學習、團隊合作、勇於創新」也是期望同學在這過程當中能夠培養出來的性向與風格。為達此目的，我們所設計的課程與教學也盡量多元化、活潑化。

「寓教於遊」的歐洲科技之旅，即是我們教學多元化中創新的活動之一。本文想檢討的是其效果。其實這種跨國越洲的活動其代價相當高，不算規劃、聯絡的交易成本，旅行本身就是一大筆費用，我一直在思考其「機會成本」，用相同的代價是否能更有效地學習到更多的東西。以此次同學從「歐洲科技之旅」吸收的心得及反應來看，我想學習效果應是十分的肯定。百聞不如一見，有些事情不到現地很難體會，「行萬里路」搭配「讀萬卷書」確實能相得益彰。

不論事前規劃得多詳盡，旅行總是一種冒險，面對不熟悉的風土、人文與機構，總會有些意想不到的問題與收穫。在接待上，受訪機構都十分正式與慎重，出乎我的預料，對同學來說更是開了眼界。曼徹斯特科技學院特別製作了海報，薩克斯大學的創所所長福利曼雖退休了卻還親自出席簡報，湯姆笙學園近似國宴的招待令人受寵若驚。由於事前的溝通與準備，在各單位交換研究經驗與心得上也都十分貼切深入。此行獲益匪淺，這些交流絕非在台灣「讀論文」可以取代。

量產科技產品之外的創新

對個人來說比較有意義的收穫，是對目前歐洲較關心的「大型複雜系統」及

「後進國家的研發創新」這二個議題的再認識。「大型複雜系統」是指由多種不同科技系統整合起來的事業單位，大至捷運、高鐵、航太、武器、電信到全民健保，小至一貫作業的大鋼廠、半導體晶圓等資本密集、技術密集的建廠投資，都屬於這一類。這些系統的管理與創新和過去我們所擅長的「標準化量產系統」是截然不同的。大型複雜系統的生產批次很少，規模經濟用不上，經驗的累積和傳承與過去所了解的「學習曲線」也不同。大型系統的顧客從早期產品設計時就得參與，和量化產品經設計、研發出來後，再找顧客做測試的概念也不相同。

英國在量產產品的戰場上幾乎全軍覆沒，不到兩代時間，英國的家電產品、汽車全都拱手讓人，目前他們能爭取作為競爭優勢的乃在「大型複雜系統」。在法國所拜訪的湯姆笙，亦是一個「大型複雜系統」管理經驗豐富的公司，他們的產品有百分之七十的附加價值來自這些系統的軟體整合。因此，在研發與科技部門的訓練課程中，特別強調軟體工程的開發。尤其是不同專案之間的經驗無法複製，因此如何找到共同點，發展出可以通用的工具與方法，用以收集綜效是極大的問題。軟體工程師對這類經驗的記錄、傳承與交流和寫連鎖店作業手冊的工夫也不相同。台灣對大型系統的研發管理與執行的經驗並不多，中山科學院因國防大型系統的專案，可算是較接近的。冷戰過後，如何將這些軍用技術與管理經驗移轉至民間也是國際間熱門的問題。

不同創新系統的發展焦點

「後進國家的研發創新」與歐洲先進國家不完全相同。亞洲近年的快速成長已引起各國的注意，學者所看到的不只是市場機會、生產基地或者我們想做的營運中心而已。他們對亞洲的管理模式與經驗也十分好奇，為什麼亞洲會成長得如此迅速且持久，是不是有哪些可做為歐洲的借鏡，四小虎的模式是否會是四小龍的翻版？包括人力資源如何累積、合作網路、華僑及人際網路的奧秘都是研究的題目。

另一方面，在逐漸富裕的亞洲，歐洲有什麼東西可輸出，或者有什麼競爭優勢（如大型複雜系統、捷運、高鐵、飛機、電信等），他們也需對這邊市場的運作做更深入的了解。尤其對大陸的興趣更是多，他們特別想知道「關係」、交易的透明度在大陸的運作，大陸對「技術」的認定與作價，何種方式的技術移轉對雙方最有利。另外，台灣最近在國際上申請專利的數目亦引起他們的注意。

後進國家的創新及研發活動始於拼裝製程的改進，有利於他們以較低的成本製造出大量的產品，不像先進國家的研發與創新往往是始於突破性的新產品。後進國家因先進國家生產基地外移，得到大量訂單，從大量生產取到較大的佔有率之後，再慢慢往上游去發展零組件，提高自製率，最後再追溯到產品設計創新，我們的電子業其實就是經歷這個過程。這和先進國家先做產品創新，再進行製程創新的順序正好相反。

台灣經驗在全球的位置

這種逆勢操作凸顯了西方的管理模式只反應了西方的經驗，後進國家的經驗有待我們自己去記錄與研究，才能發展出一些反應台灣經驗的理論，貢獻給國際上的學術界。台灣的資訊電子產業在國際上已佔有一席之地，其經營策略與管理也都有其獨到之處。此行歐洲所受到平起平坐的待遇即是最好的反映，也算是沾了產業界力爭上游的光。一方面，我們希望能由這些「先進」的西方國家取些有用的經回來；但另一方面，也期待能有對等的貢獻。逆差貿易及一面倒的情況已不復存在，在學術界，雙向平衡的知識交流，我們是責無旁貸了。

（原篇名〈他山之石——歐洲科技管理的取經記〉，1995）

北歐科技園區的新形貌

芬蘭的 ESPOO 並不以成為北歐最好的「科技城」為滿足，其最終目標是「人文科技城」，特別強調科技與人文自然的結合，以絕佳的自然環境、建築、休閒育樂空間，塑造創新的文化氣息。

一九九七年政大科管所北歐之行，在芬蘭、丹麥及瑞典各參觀了一個科學園區，分別是赫爾辛基郊外的 ESPOO 創新城市（Innopoli）、丹麥卡倫堡（Kalundborg）的「產業共生」（Industrial Symbiosis）園區，以及瑞典第三大城市馬爾默（Malmo）郊外的 IDEON 科學園區。三個園區共有的特色是都由私人經營，且都相當成功，馳名世界各國，包括台灣和大陸都經常有團體來參訪。

ESPOO 創新城市 Innopoli

芬蘭的十個城市設有科學園區，全由私人開發經營。離赫爾辛基市郊約十五分鐘車程的 ESPOO 市即有一 Otaniemi 科學園區，一九九一年秋由 Innopoli 集團投資的 Innopoli 大廈興建完成，進一步提升了原有由大學、研發機構及產業界所形成的創新環境，吸引更多高科技公司進駐。Otaniemi 科學園區大致可區分為三個部分，一為園區內獨立建築的一般高科技公司，二為進駐於 Innopoli 大廈的科技公司或大公司的研發單位，三為 Spinno 創業育成計畫下的新興公司，每年約有二十~三十家進駐到 Innopoli 大廈。

Innopoli 是一座佔地六千六百坪的大樓，除了出租給廠商的空間外，還設有會議廳、餐廳、討論室、芬蘭浴、Pub 等設施。Innopoli 還以外包的方式積極提供各項便利的服務，如網路、包裝、行銷、室內設計等，目前有一百二十餘家公司進駐，靠租金及服務收入即足以維持日常營運。

ESPOO 創新城市的競爭優勢包括有：完備的基礎通訊建設、直航北美及遠東的班機、便捷的大眾捷運系統、各式各樣的戶外活動，使研發人員能夠享受優異的人造及自然環境。在 ESPOO 市有六百家資訊科技公司，八所大學及二十所研發機構，在通訊、自動化及造紙等產業都有領先的技術。其研發經費佔全國的五〇%，全國研究生的四〇%及五〇%的博士也匯集在此。從 Spinno 計畫衍生出的新創事業中，約有二四%是來自赫爾辛基科技大學的師生，一五%來自芬蘭技術研究中心的研究人員。

ESPOO 並不以成為北歐最好的「科技城」為滿足，他們最終目標是「人文科技城」。特別強調科技與人文自然的結合，以絕佳的自然環境、建築、休閒育樂空間，塑造創新的文化氣息。台灣雖成功地創造了新竹科學園區，但似乎較欠缺人文氣息，期望新成立的台南科學園區，或宏碁的渴望村能真正地成為「人文科技城」的典範。

卡倫堡的產業共生（Industrial Symbiosis）

位在丹麥大島西邊、距哥本哈根一百公里以外的卡倫堡，有個全球聞名的生態工業區，主要是由 Asnae 火力發電廠、Statoil 煉油廠、Gyproc 石膏板廠、Novo

Nordisk 製藥公司和市政府，形成一個地表水、地下水、能源循環使用，以及廢熱、各類廢棄物交換的產業共生體系。此一產業共生體系已經運作了二十多年，不但企業節省了成本、促進了經濟發展，兼顧了環境保護，最重要的是減低了企業對環境的負荷，使環境生態的承載力可容許更多的企業能更長久地在同一地區發展。

此一產業共生體系在七〇年代最早建立時，並非完全基於環保的考量，雖是基於當地地下水資源不足的考量，但卻是企業間彼此單純的商業交易行為。在成員中卡倫堡市（鎮）除了負責輸送園區內的水、電及熱外，並沒有擔任任何協調或主導的角色。

在發展過程中，一共進行了十六項合作的專案，其內容如下：

- 水資源回收循環再利用：五項專案
- 能源交換：六項專案
- 廢棄物（產品）回收循環再利用：五項專案
- 系統「內部共生」：十二項專案
- 系統「外部共生」：四項專案

其總投資額是六千萬美元，每年可從中節省的費用大於一千萬美元，平均回收的時間是六年。到一九九四年為止，一共節省了一億二千萬美元。

產業共生體系已經吸引了來自世界各地的注意力，為了滿足彼此對此一體系的資訊需求，以及為了使共生的理念能夠持續下去，卡倫堡地區的產業發展會議資助成立了「產業共生所」（Industrial Symbiosis Institute）。我們一行二十多人即是由這個單位唯一的工作人員做一個半鐘頭的簡報，並收取約新台幣二萬元的費用。這是少數需收費參觀的園區之一，但每天都有人願意付費來學習。每天不也是有很多人欲到新竹科學園區參觀、聽取簡報，若收費後會不會減少訪客？

一般來說，每一家企業在提供產品或服務的萃取、製造、配銷，以及使用過程中或之後，都會為社會帶來某種程度的生態與環境問題，若是不加以節制，地球環境資源與生態承載力將遭受破壞。共生體系的概念使企業在產品製程中、甚至是產品使用後所產生的廢棄物，都變成有用的資源。如此不會因為企業數量的增加而增加環境所承受的壓力，從而使更多的公司可與環境生態共存共榮、永續發展。台灣一些重大的產業開發案，水電、能源需求大或廢棄物多的產業應多參考此一經驗。

瑞典 IDEON 科學園區

瑞典第三大城馬爾默，在其郊外的隆德大學（Lund University）旁有一名為 IDEON 的科學園區。隆德原是瑞典重要的造船工業所在，七〇年代逐漸不敵韓國、巴西等後進，在八〇年代初期，其三大船塢相繼關閉。地方政府及產業領導人為使地方經濟轉型發展，遂有成立此一科技創新園區的構想，得到 IKEA 的資助，在一九八三年成立了 IDEON 園區，其目的就是要促進新科技的商品化，幫助科學家、創新者及企業家完成其事業發展的心願，十多年來培育了一百四十多家公司。

IDEON 園區的最大特色就是園區內廠商只做研究和試產（Pilot Run），並不從事量產，因為附近較充裕的是研究人力與知識工作者，且園區內也無法容納生產工廠的空間，目前有超過一百三十家公司在 IDEON 園區內。

若將園區內的公司依照產業類別可分為六大類：資訊科技、生化科技、環境科技、食品科技、服務及顧問與其他。在資訊科技 IT 方面，有超過五十家公司在 IDEON 園區內，易利信也曾在園區內研發行動通訊產品，IDEON 現已成為區域的ＩＴ中心；在生物科技方面，園區內有三十多家公司，許多園區內的公司都與隆德大學的研究有密切的合作，有一半的創業者是博士或來自大學。IDEON Center 的解說員在介紹園區內的生物科技產業時，特別提到我國台南科學園區也準備往生物科技發展，他認為 IDEON 園區可以在發展生物科技的經驗上與台南科學園區合作交流。

目前約有一千五百名員工受雇於 IDEON。每家公司從一到五十人都有，平均在十人左右，規模不大，大部分的公司都將研發以外的瑣事外包出去，包括管理顧問、財務、ＩＰＲ、文書等，都有 IDEON Center 與園區的其他專業服務公司提供服務，形成一個自足的網路合作關係。

IDEON 園區內的租金相當於新台幣一千二百元／坪／月，比市價八百五十元還要高，原因是 IDEON 提供了便利的設施與地理位置，而且進駐 IDEON 園區也可以為公司建立良好形象，使其生意容易進行、成交，草創公司為儘速擴展業務，也願意付出較高的租金。當然有些仍在育成階段的公司，比較不在意門面，IDEON 也提供設施較簡單的空間，租金約為新台幣七百七十元／坪／月。

根據過去的文獻，新產品發展或新事業的成功率都很低，然而根據 IDEON

Center 調查，過去十四年來，IDEON 園區內平均每年只有一家公司倒閉。該園區號稱若有好技術，只要一萬美元之內就能開創公司事業。IDEON 由於十分注重其品牌形象，從創立至今，奠立了許多優良的名聲，園區內的公司成功率高達百分之九十以上，不斷吸引更多的廠商進駐，這也是為何園區內的公司願意付出比市場價格更高的租金，且仍有多家公司排隊的原因。

由於 IDEON 園區緊鄰隆德大學、大學醫院及口腔衛生中心，所以 IDEON 園區的公司在生物科技上一直都有很出色的表現。園區內的一家公司，Boira，成功地開發出可以讓成人長出牙齒的藥（EMDOGAN），公司市值已達到十五億瑞典克朗（一九九六年營業額只有七百萬，還虧了一千萬），可以說是生物科技的成功典範。

生產製造之外的園區想像

在世界各地的科學園區中，大多以租稅優惠吸引跨國及本土廠商。台灣所謂高科技產業的製造，尤其是電腦及周邊的組裝，其附加價值只有二三％，遠低於全國製造業平均的三七％，對於即將邁向以「亞太科技研發中心」的產業台灣，這是必須深思的課題，芬蘭 Otaniemi 及瑞典的 IDEON 科學園區提供了一個以研發創新為導向之園區非常好的參考借鏡。私人土地的取得始終是台灣產業建設所面臨的最大問題，但是對於以研發為主的科學園區來說，土地的需要量不大，尤其是軟體研發，加上通訊網路的發達，空間不是問題。正在開發中的台南科學園區仍是以「生產」為主，期待國內有像北歐這樣的民營研發園區，或「產業共生」的生態園區出現，共同為國內的產業升級及環境品質而努力，開創屬於台灣的創新價值 "Innovalue"，成為一個生產、生活、生態平衡的人文科技島。

（原篇名〈不同創新形貌的科技園區〉，載於《中國時報》，1997）

科技、人文與美麗的移動教室

在布拉格、維也納滿街都是在兜售音樂會門票的人，而史特勞斯的〈藍色多瑙河〉幾乎是此次東歐之旅每個餐廳琴師都會演奏的曲子。歐洲豐富的歷史人文背景，為「移動教室」帶來美的驚嘆與文化的衝擊。

從薩爾斯堡出發往維也納途中，我們繞到阿爾卑斯山下的湖區。在依山傍水、風光明媚的公路上，政大科管所的師生在「移動教室」（mobile class room）內，檢討前二天於慕尼黑參訪的ＢＭＷ研發中心及馬克斯・普朗克（Max Planck）專利比較法律研究中心。因太認真竟無暇欣賞窗外這麼美的湖光山色，似乎是有些奢侈，這只是科管所五年來「遊中學」的一幕，我們絕不是對美的事物如此麻木不仁。

在德勒斯登的那個下午沒有拜會，我們散步遊走在其舊皇宮區，看著易北河對岸河濱公園四、五個熱氣球一個個在夕陽中緩緩升空，藍天、綠地、彩色熱氣球加上易北河，同學們爭先搶鏡頭。雖然到歐洲主要是來參訪科技機構，但歐洲豐富的歷史人文背景、與台灣不同的生態景觀，很自然地給每人許多美的驚嘆與文化的衝擊。

「移動教室」的概念是來自海明威，他說巴黎是「可移動的文化饗宴」，但其實踐則是科管所這五年下來累積的寶貴經驗，發展出來的另一種學習方式。行前針對研究的主題、參訪機構及城市，進行次級資料的蒐集與研讀，並請專家來上課，提出探討問題，並預先傳給受訪機構，以期在短暫訪問拜會中的交談與研討有重點。行前也分配各主題負責的同學與老師，在旅行途中即可進行指導與討論，回國後除了完成書面報告，還舉辦發表會請國內的專家來評論。全所師生在這樣的學習方式下，一方面累積了許多歐洲科研創新的文獻與報告，一方面也結交了許多歐洲方面的產、官、學、研機構與學者專家，使科管所的「人際網路」擴張迅速達成。

矽谷以外的創新模式

一九九九年參訪的重點在匈牙利、捷克與東德，在布達佩斯我們訪問了經濟大學的創新研究中心，及布達佩斯科技大學的通訊與資訊科學系；在捷克我們訪問了國家科學研究院的科技轉接中心。這二個東歐國家的科研創新體系，在過去十年轉型過程當中，由蘇聯任務導向的附庸中解放出來，碰上產業民營化所產生的變化，是我們此次關切的重點。

在柏林我們拜訪了弗勞恩霍夫（Fraunhofer）的管理顧問公司，柏林工業大學的「生產技術中心」，經濟與管理學院的創新行銷及運籌管理的二個學程，也參觀了由原東德國家科學院改制的 WISTA 科學園區，德意志電訊所布建的網路全球學習中心，及一家柏林工業投資銀行的創投公司。在慕尼黑則拜訪弗勞恩霍夫專利辦公室，馬克斯・普朗克「專利比較法律研究中心」，還有 BMW 的研發設計中心未來車的設計策略。藉由這些機構希望了解西歐的火車頭——德國，在科技與創新管理方面是否能發展出與矽谷不同的模式，迎接知識經濟來臨的準備已做到什麼程度。

此外，我們也拜會了外交部駐布拉格代表處、駐柏林代表處，工研院駐柏林代表處，中穎集團在維也納的石化工廠。從這些台灣的駐外單位也可以增加對當地情況的了解。台灣最近到東歐來參訪見學的政府及民間機構越來越多，大家到底都學到了哪些東西？

因與柏林的多個展覽會撞期，市區內旅館難訂，我們只能住到柏林市東南郊外，將近一小時路程原屬東德的森林中。晚餐後也無處可去，九月三日晚上我們師生十多人即在旅館的會議室開起班會，討論回國後迎新會及訪歐網路發表會的籌備事宜，用大哥大和留守台北的同學全天候聯絡，找場地、規劃節目內容等，「全球化」的經營也不過如此吧！

文化的體驗與省思

在布拉格、維也納滿街都是在兜售音樂會門票的人，而史特勞斯的〈藍色多瑙河〉幾乎是此次東歐之旅每個餐廳琴師都會演奏的曲子。在「維也納音樂之友會」每人花了約台幣一千二百五十元享受了一場古典莫札特交響樂團的演奏；在布拉格則花了十美元在教堂內聆聽一場室內樂；在薩爾斯堡的晚餐則是由正統聲樂家演唱的《真善美》主題曲。布達佩斯、布拉格、慕尼黑的民俗晚宴載歌載舞，同學最後也參與表演，今年的歐洲之旅是歷年來最有文化氣息的了，與去年在巴黎晚餐後，同學們還是成群蹓躂到半夜才搭地鐵回來，經驗完全不同。

奧地利的司機在德國巴士的「衛星導航」螢幕的詳細指引下，帶我們從波茨坦進入柏林，十三・七米超長的巴士穿過大街小巷找到我們的第一個訪問點。如果沒有這項工具，這些跨國複雜的行程，外國司機一定會帶我們走很多冤枉路。

柏林到處大興土木的生機令人感到振奮，在二十世紀末，沒有第二個世界級的大城市，有這麼大的動力投資，做如此大規模的建設與都市更新，為了柏林在歐洲與世界的角色，德國人確實把握了這個歷史機會。遷都柏林之後，有多少中央政府機構、大使館、多國公司也要跟著動，已記不得上次遷返舊都的國家是哪一個了。

經過第二次大戰的災難，柏林成為被圍牆分割，且被東德環繞的孤島，新柏林急欲更新建設、開放門戶。藉此一開放城市（open city）轉型的過程，把自己打造成一個會省思、能溝通與交流的全球大都會。「開放」的意思是指已做好準備迎接改變，感應能力強，能接納前瞻的、奇異陌生的、不同與新穎的事物。

開放與整合，柏林的生機

在東柏林東南方奧爾德肖特（Adlershot）的WISTA園區，可視為柏林未來發展的典型之一。這一片四二〇公頃的園區原為德國航空業的搖籃，希特勒時代兵工廠的研發重鎮；東西柏林分割後，則是東德電視台及東德國家科學院的所在。統一之後，鄰近的機場將成為新的國際機場，WISTA以原來科學院的一些設施，包括加速器、風洞等實驗室為基礎，並規劃將洪博大學自然科學院遷校至此，形成一個學術及科研的環境，並設立了創新及育成中心、東西中心，強調科技的商品化與創新事業。研發的重點放在資訊科技、光學及環境科學，以前衛的建築造型吸引及鼓勵科技產業在此研發與創業，希望藉此能留住東德、東歐及蘇聯的科技人才，不致被西方的國家吸走僅存的一些腦力資源。在柏林各單位為我們做簡報的有多位都是原來在東柏林或東德的人，不仔細分辨或他們不提，有時也不容易看出來。

在捷克科學院了解到歐聯科研合作第五期計畫架構，從一九九八年開始也將東歐等十一國納入，因為東歐在科研與經濟社會發展如不能逐漸跟上來，也會拖累西歐的發展。西歐，尤其是西德，拉拔東歐的心力處處可見。在第五期的架構下，東歐也按人口及GDP比率繳納會費，然後再統籌運用，由各國以研究計畫來申請競標。這些合作研究案必須是前瞻性、共通性，因此要三國以上的機構聯合申請，並且需有產業界的參與。

柏林雖然到處大興土木，但在火車站鬧區之一的教堂，卻故意留下二次大戰被炸的狀態，用來提醒後代戰爭的可怕，我們在廣島也看過核爆的博物館。九二一或三一一，我們也應留下一些可見的實物或印象給後代子孫，成為世代間的共同記憶。在柏林的博物館我們看到了部分巴比倫時代留下來的遺跡，這當然是在德國殖民時期收集回來的戰果，但也為人類文明保留下來珍貴的遺產。在布拉格的皇宮內家徒四壁，和其他西歐皇宮的金碧輝煌完全無法比擬，是因為完全被瑞典海盜拿走了？不過因瑞典人始終沒能攻過查理橋，因此舊市區的古物保留得較完整，相當有味道。當地導遊還特別帶我們在猶太區繞了一圈，裡面應該有很多曲折的故事。人類跨族群、跨地域，而可分享的共同記憶有多少？

第一次到歐洲的人多半會為那些城堡、皇宮、教堂、市政廳的建築及歷史所震撼，不停地驚嘆、按快門，但看了一個多禮拜後也就麻痺了。那豐厚的歷史反而成了無法承受的負擔，不要再談那麼多當年的歷史了，那是前人的努力成果，我們要看這一代的產業與生產力的表現。台灣這一代的經濟實力在若干年後會留下什麼痕跡？歐洲人一百年前就有的捷運？還是二、三百年以前就有的大學？目前台灣生產的晶片、電腦，到時還會有人擁有、記得嗎？如果台灣人夠打拚，那我們一丁點的成就或故事，會以什麼「形式」留下來？

（原篇名〈科技、人文與美麗的移動教室〉，載於《電子時報》，2000.10）

歷史的輪轉與文化的傳承

十九世紀末在歐洲大陸有第一條地鐵，且電話網路及汽車都已出現的城市——匈牙利的布達佩斯，在歷史上一直是東西方的門戶，一百年前曾經如此富有過、領先過，一百年後成為個人所得只有五千美元的國家。

科管所從一九九五年起四年暑假的遊中學，去過倫敦、巴黎、科隆、慕尼黑、維也納、阿姆斯特丹、蘇黎世、聖彼得堡、赫爾辛基、斯德哥爾摩、奧斯陸、哥本哈根、愛丁堡、里昂、坎城、米蘭。歐洲，還有什麼地方沒去過？

當然還有，東歐的布達佩斯、布拉格和德東的柏林就是一九九九年的重點。東歐的科技發展有什麼參考價值？產業上或許比不過我們，但個別的科技研發領域則很難說。他們的名目國民所得可能只有美金五千多，但平準物價及購買力之後，捷克也有美金一萬一千多，他們還有很多便宜的「公共財」。我們的土地、住家這麼貴，實質購買力可能不到美金一萬三千。

德國人工作時間短，店面營業時間也短，為何所得仍然很高，這當中生產力的差距到底在哪裡？德國人還在為禮拜天開不開店大吵一番，初秋的禮拜天晚上布拉格仍是滿街人潮，大部分的店鋪都還開著，以滿足各地來的觀光客之採購需要。當地物品確實比台灣便宜，可買到品質不錯又有特色的東西。

匈牙利、捷克原來在鐵幕內，其「國家創新系統」也是蘇聯的附庸，一般大學以教書為主，並不負責研究。國家研究機構內也充滿非專業人員，任務導向的經驗使其技術距離市場較遠。一九八九年解放後，研究人員及研究經費大幅減少，有很多人跑到西方國家、多國公司、或自行創業做研究的個體戶。目前情形在逐漸好轉中，也就是說人員和經費已經停止失血，有開始爬升的現象。一九九八年開始又正式納入第五期「歐聯合作計畫架構」，同時他們都是聯合國會員，不少國際組織的奧援都可以進來。這點情況比台灣好，有些多國企業也在此進行尖端的實驗與研究，這也是台灣不及之處。

十九世紀末在歐洲大陸有第一條地鐵，且電話網路及汽車都已出現的城市是哪一個？多瑙河兩岸，宏偉的國會、科技大學、經濟大學、國家學院都不下於巴黎塞納河畔的景觀，走在通往英雄廣場前林蔭大道的使館區，你如何想像那是昔日市郊有錢人的別墅區。我們談的城市是匈牙利的布達佩斯，在歷史上一直是東西方的門戶，早年外貿協會也將其前進東歐的據點設在此。

精華的傳承與開放的融合

這是一個什麼樣的國家，一百年前曾經如此富有過、領先過，一百年後成為個人所得只有五千美元的國家。這期間，奥匈帝國隨著第一次大戰瓦解，第二次大戰後又被收編到鐵幕內。一九八九年改革開放後，原來就比較跟西方有往來的匈牙利，在民營化的過程中幾乎不設防地讓外國資金湧進。街上行走的汽車幾乎什麼品牌都看得到，滿街都是美式速食店，但看不到匈牙利自己的任何一家食品連鎖店。

我們參訪經濟大學的創新研究中心，位於過去一座私人的豪宅內，我們還特別去觀賞一下其巴洛克式的會客室及古典的門廳迴梯。這一個小單位所做的有關匈牙利創新的研究，其實還蠻有分量，也有許多以英文發表。我們也參觀了有兩百年歷史的布達佩斯科技大學，其校舍主建築物正面約有一百公尺寬，是世界上第一個授予測量工程學位的大學，匈牙利的革命即是在這所大學高挑的正堂門廳下，學生、教授及工會領袖於此集會開始的。

過去一百年的歷史對匈牙利人來說，無疑是一個相當痛苦無奈的過程。以諾貝爾獎得主和人口的比例來看，匈牙利是最多的國家，經過什麼樣淬鍊的文化與學術基礎，才能造就這麼多人才？即使在共產體制有限的資源下，匈牙利的科學院、各大學內的知識份子，仍然努力鑽研其學問。在鄰街的新校區有最現代的建築，IBM的實驗室緊鄰在旁。易利信、諾基亞最近願意在布達佩斯科技大學內的通訊及資訊科學系內，利用其便宜但素質高的研發人才，建立尖端的實驗室，研究通訊數學的問題，即使這些實驗室的研究與這兩家公司在匈牙利境內的製造無關。

在台灣我們也是多國公司的代工生產者，但有幾個外國品牌願意委託我們大學實驗室進行研究？

記憶的累積與遺忘

一九九九年把學習目標放在東歐捷克和匈牙利的轉型，和柏林的創新。這次大家都對布拉格的舊市區廣場、查理大橋的印象極為深刻，波西米亞的風韻耐人回味。布拉格的街景和城市風貌基本上和一百年前並沒有多大的差異。一九六八年布拉格之春，捷克百日民主運動，也沒留下什麼太多痕跡，倒是當地導遊很自豪捷克是歐洲共產社會內最民主的國家。那位二十二歲還在準備考大學唸藝術史的導遊，講到城內建築物如數家珍，每棟建築物是由哪位建築師所設計的倒背如流。因與同學年紀相仿，所以和大家十分投緣，起初還不肯收同學們的小費，她在共產社會長大，回憶起童年物質匱乏的日子，還是有點不堪回首。但在社會主義國家長大，這些文化資產、生態、山水都是大家共有的觀念，使她兩年在英國遊學時被從「私人」草坪趕出來的「文化休克」仍歷歷在目，旅行當中如果能和一些當地人有較多的互動，會有一些意外的反省與刺激。

有同學問到在歐洲這些城市好像沒看到什麼建設，其實歐洲這些市容不需要年年有新的建設，即能享受有品味文化的生活是其幸運。沒有偷工減料，沒有地震及石頭類的建材，固然使其經久耐用，但其外表也要勤加拂拭、維護，室內功能也需要不斷地更新（renovation），如煤氣燈改成電燈、電腦網路的布建，歐洲人才能工作、生活在古蹟裡，與古人共同呼吸、使用同一空間。五十年後的台灣，我們有可能會有傲人的國民所得，但我們要留下什麼給子孫？經得起地震天災的有形建築、環境生態會是什麼樣的形貌？這是不是我們需要關心負責的？潛藏在其中的無形文化又會是什麼？要多富有的一代（或數代）才能留下讓後代看得到的遺產與風範？

（原篇名〈歷史的輪轉與文化的傳承——科管所東歐之旅（一）〉，載於《工商時報》，2000.10）

九一一驚爆邊緣

有很多美國人把這次事件比喻成珍珠港事件以來最大的恥辱，在美國的本土上完全無預警地遭敵人慘烈的襲擊，而且被攻擊的是象徵金融貿易力量的紐約世貿大樓。

政大科管所二〇〇一年的美東之旅，從華盛頓特區、紐約到波士頓二個禮拜的行程結束後，九月十一日早上八點半從波士頓洛根（Logan）機場登機，準備搭聯合航空（United Airline）飛往舊金山回台北。登機後約二十分鐘飛機仍在跑道上，機長表示有飛航安全問題必須回到登機門，於是又滑行回登機門，機長再報告紐約市有空難，是全國大災難，基於安全理由，所有乘客必須下機。我們當時只是在猜測是否航管系統被駭客入侵，錯誤的引導飛機以致失事。

我們在登機門口，正在想要如何才能接上舊金山的國際航線，又被告知須馬上離開前往提領行李，迅速離開機場。在等行李時，聯合航空櫃台已空盪無人，留下的人員無法回答任何問題，只給了一張一—八〇〇號的聯絡電話。本想搭地鐵回到波士頓市區比較安全，但因二十人及笨重的行李上下地鐵站有困難，才想到應該找家機場附近的旅館等候，因聯絡較晚，離機場或市區較近的旅館已訂不到十個房間，於是只能住到離波士頓北方八英里之外的索格斯戴斯（Saugus Days Inn）。

遊中學的風險與應變

戴斯旅館的接駁車只有二輛且只能容得下十人，因此等了約二個多鐘頭，將近中午一點半才將全部人馬送到旅館。在這幾個小時內，我們都無法看到電視畫面，只能靠一台收音機聽取外部消息，以及透過手機撥打越洋電話與台灣家人及學校報平安。我馬上向所長及院長報備，請求經濟上的支援，他們指示學生安全最重要，其他再說。台灣親友已看到世貿倒塌、五角大廈被攻擊及多架飛機被劫持，我們一直到了旅館才看到電視的新聞畫面。

進駐旅館後，帶著已驚慌無神的大家在附近的 Friendly 午餐，大夥其實沒什麼胃口，之後到 Shaw 超市去補充日常用品及乾糧。由於旅館過於偏遠，頭二天幾乎動彈不得，對面二百公尺雖然有邦諾書店、麥當勞等，卻因公路的阻絕而無法穿越。在反覆播放的電視畫面，與航空公司及家人斷斷續續的電話聯絡中，忐忑不安地度過前幾晚。

我們因已登機才被請下來，照理只要班機重開，我們有第一優先權可離開波士頓，但因仍有舊金山到台北航段的更多人困在那裡，所以每天必須向聯航UA確認這二段機票。到第二天電視播出「波士頓機場無限期關閉」，我們開始考慮其他的可能性，在網路上查詢灰狗巴士或火車至西岸。可惜十八日之前沒有火車票了，灰狗巴士不接受預約，需到現場排隊，要想二十人同時擠上一班車的可能性不大，還好第二天我們就聯絡上波士頓代表處，他們許多當週的活動都取消，可轉而服務像我們被困在波士頓的同胞。

九月十三日分搭二輛旅館接駁車到地鐵站再轉乘至唐人街，中午讓北美代表處劉處長請吃飲茶收驚。下午到UA市區辦公室去探個究竟，一進去就聽他們說歐洲航線不會開，請大家回去；還好我們是亞洲線，被拆成二批分別訂到九月十九日、九月二十日回程機票。回到代表處與郭秋義組長商量其他可能的途徑，包括到紐約搭華航，以及幫我們聯絡要長期抗戰、費用較低的新住所。

在諸多不確定中度過了二天半，有沒有國內、國際二段航程同時OK的機位？波士頓及各機場何時開？要不要儘快離開主要案源的波士頓？轉進其他地區，如紐約、羅德島或新罕夏州、加拿大多倫多，何處可辦加拿大簽證？每天透過各種管道爭取訂位，打不進去的一一八〇〇號，班機一再被取消，要不要去機場等候搶機位？如何讓在台灣的家人安心？

處變不驚，集體的支持與療癒

就在這種諸多變數與不安中，為了不讓同學們陷入低潮（有人拚命洗衣服，有人昏頭大睡），我們決定化危急為轉機，把握如此接近現場、差一班飛機就是我們，將此「浩劫餘生」的經驗轉為一些對台灣同胞較有意義的貢獻。因此決定架設一網站，規劃以下主題：美國政府的反應與飛安管制；教育、人文與戰力；

種族、生活與媒體，分配工作，透過資訊蒐集及想法的記錄、傳遞與交換，讓大家與我們分享這次的「九一一驚爆餘生及危機處理」。很多看到的朋友、同學都相當讚許。

這次發生災難的地點有許多都在我們的參訪行程中。在華府期間多次路過五角大廈，九月二日晚上還到 Pentagon City Mall 晚餐，這也是平常在五角大廈上班員工進出的場所。晚餐前，還去看了美軍奮勇撐起國旗的硫磺島紀念碑，在電視上我們看到這次是由消防隊員在世貿廢墟將美國國旗重新撐起。在華府期間也參觀過韓戰、越戰紀念碑，這二場沒有打贏的戰爭，給美國帶來什麼教訓？幾把小刀、非制式的傳統武器就能把高科技的美國及全世界搞成這種局面，可能很多美國人還想不通「他們為何如此恨我們？」。

有很多美國人把這次事件比喻成珍珠港事件以來最大的恥辱，在美國的本土上完全無預警地遭敵人慘烈的襲擊，而且被攻擊的是象徵金融貿易力量的紐約世貿大樓。九月七日我們在紐約一日遊時，導遊還特別介紹世貿大樓新結構、無樑柱空間，大家還在樓底下廣場拍了再也無法取得的鏡頭，高聳的雙子星大樓仍在我們腦海及數位相機的記憶裡。

九月十七日紐約證券交易所（NYSE）重新開市的畫面，也是我們十天前才參觀的場景。前幾天電視新聞畫面上看到人們在紐約證券交易所街頭逃難，路當中有一白色帳棚，這也是我們參觀紐約證券交易所時路過，當天還有家上市公司就在此招待咖啡、可頌及發紀念品。參觀MIT人工智慧實驗室時，阿卡邁科技公司（Akamai）就在隔壁大樓，其共同創辦人Lewis也在空難罹難者名單之內，時年三十一歲，人生之無常莫過於此。九月十四日在華府舉行追思禮拜的「國家教堂」、晚間祈禱會的「國會大草坪」，都是我們這次參訪經過的景點。隔天九月十五日，我們還在波士頓大學附近的街道地上看到許多弔念死者的蠟燭。

歷史事件的見證與洗禮

我們離世界性大災難的現場如此近，離我們的家人如此遠，而且不知何時能團圓，這是很特殊的一種經驗與心情感受。這次在波士頓落難，在慌亂與不確定中，首先要感謝同學的鎮靜與配合，使整個團隊運作平順。各方人士的協助，尤其波士頓代表處郭秋義組長在飲食、交通及各種應急處理上的支援；在台灣的錫安旅行社、也是扶輪社老友的黃政賢副總，在爭取機位上的努力；劉所長二公子Eddie也來旅館為大家打氣；學生馬銘倫的阿賓姑姑送滷雞腿、雞翅及滷蛋來給我們當作宵夜，並邀我們去他們的豪宅晚餐；我的同學曹永愷律師也來旅館看我們，大夥還去他家打擾了一餐，使我們在異鄉能得到同胞關切的溫暖。同行幾位EMBA及博士班同學的主動、應變經驗與資源，也是我們很重要的支撐。

因九一一事件我們在波士頓多待了九天，這九天對許多第一次出國的同學可能是度日如年，還好我們即時拿出科管所「學習、合作、創造」的精神，度過此一難關，並在網頁上留下一些見證，算是十分特別的一次「遊中學」，或危機處理的「做中學」。

（原篇名〈911驚爆邊緣〉，載於「科智所網站」，2001）

技術移轉與創新育成

比利時的魯汶大學和瑞士理工大學不只是該國的最高學府，在國際上也都赫赫有名，其對產學合作與技術移轉、創新創業育成相關機制的作法，值得我們注意及參考。

一般認為大學有三個角色交引纏繞（triplex），第一個是教育知識份子，其次是學術研究，最後還要從事社區服務（Community Service）。以往大學主要肩負前面兩個角色，但是慢慢地社會大眾對於大學在社會服務上的分量要求逐漸增加。由於大學內有相當多的知識創新，最佳的社區服務方式之一就是以產學合作的方式將知識貢獻於社會。透過良好的產學合作與技術移轉，大學除了可以完成社會的期待，同時對於其經費與名聲也有相當的幫助。

過去產學合作與技術移轉之間的鴻溝在於，科研單位負責技術研發與技術評選，廠商則負責技術商品化與上市銷售；廠商不需要介入技術研發，研究機構也不過問技術商品化，研發完成時，透過短期訓練、技術文件和技術諮詢來傳遞技術資訊。通常也沒有特別追蹤移轉的技術是否被承接廠商所善用、如何被使用、應用結果的好壞，因為沒有足夠的資訊交換，使技術商品化的目標難以實現。一般技術授權作用的發揮，主要決定於研究機構是否在承接廠商需要的時間內，傳送必要資訊與知識予承接廠商，以發揮刺激廠商配置更多資源並積極推動商品化活動。若能技術資訊便利且充分交換，對技術移轉成功有相當重要的影響。

我們陸續考察過蘇格蘭、日本、美國等地的學研機構創新創業育成相關機制，可以了解這已是一股無法逆轉的趨勢，二〇〇二年特別參訪歐陸的二個小國——比利時和瑞士在這方面的作法。美、日、德等國家資源、人口、幅員都很大，其政策不見得適合地小人稠的台灣，而比利時、瑞士兩國人口都比台灣少。比利時的魯汶大學和瑞士理工大學不只是該國的最高學府，在國際上也都赫赫有名，他們的作法也值得我們注意，或許有不同的參考價值。

魯汶大學的研發技轉及創業體系

一四二五年在比利時創立的第一所天主教大學——魯汶大學，至今已有將近六百年的歷史。魯汶大學當初從文學、醫學、宗教法及民法四個學院開始，在一四三二年增加了著名的神學院。魯汶大學在當時頗有名氣，吸引了來自西歐各個國家的學生，曾有數位教宗及許多中國的主教在魯汶深造過。

荷語魯汶大學的校區經歷了數次的變更及擴張，目前主校區已經與魯汶城市融合在一起。人文及社會科學校區集中於魯汶市區；理、工、農等學院則散布於魯汶市的西南方；生物醫學及三個大學附設醫院則設在魯汶市的西方。學生總數為二五六三三人，外國學生有二一〇〇人；學校教職員共有一二〇六五人。

魯汶研究與發展部門最主要的任務是促進對企業知識的提供和技術移轉，透過智慧財產權的管理、契約研究、協助新創公司（start-up）或衍生公司（spin-off）成長，以及建立相關的軟硬體設施。其下設有「魯汶創新育成中心」，主要是協助新公司成立時所需要的辦公室、相關設備，同時也支援新創公司設計的法律行政與技術移轉，亦即一般的育成孵化功能。

魯汶研究與研發部門下分四個單位：智慧財產管理、合約研究、衍生公司、財務與人力資源；在人員分配上，智慧財產管理單位有三人、合約研究單位有四人、衍生公司單位有四人、財務與人力資源單位有八人，以及擔任協調工作的有十人。

每年有二十五萬歐元的預算可以選擇性支援實際的研發單位，經由顧問委員會識別核心技術，有關智慧財產管理都屬於該部門的範圍，其業務包括：對於新的知識（技術）判斷是否具有可行性，並協助申請專利；採取何種策略將既有的知識移轉到企業；對於可行的專利，核定是否具有市場上的潛力；評估專利的現有價值，進行維護、篩選及追蹤；協助研發人員尋找合作夥伴；提供研發人員談判和法律上的協助；研究新的智慧財產議題，如：生物科技、化學材料、版權（軟體）、商標等。

合約研究單位的業務包括：增加原創性知識的產生、新技術的移轉、尋找合作夥伴參與研究計畫，以及在地方向政府當局爭取資金，提供合約研究法律及協商的服務，對於計畫是採取秘密方式進行還是公開進行的取捨，並且針對研究成果智慧財產的分配與管理。

為創業家提供一個具有多專長的團隊，其中包含了談判專家、專利專家、經濟學家和工程師／科學家協助其創業。每年最末學生和研究人員都必須參與「企業家精神」的課程，在過程中了解一名創業家需要有哪些特質及技能。

學校顧問經由「想法到商業」的過程逐步地引導研究者，如果必要，還會請外部顧問引導。由於這些產品和提供的服務具有高度創新，每一個衍生公司計畫中，在制定商業模型時，都需要特製且是一個複雜的過程。

魯汶科學園區也是魯汶技術移轉成功的要件之一，最早的哈斯羅德（Haasrode）科學園區在魯汶附近，裡面幾乎都是高科技公司。在這十年裡創造了五千個工作機會，主要來自於魯汶的衍生公司。最近也有一些外國高科技公司，因為這裡的條件較好就在此成立公司，格林希爾（Greenhill）科學園區因此成立。

這樣的規模相對於過去討論過的東京大學或MIT衍生的企業並不算多，尤其在九〇年代以前數目很少，近幾年成立的家數較多，成長較快速。在基礎研究與應用研究上的支出年年有增加，從八〇年代末到九〇年代末幾乎有三倍的成長，且維持基礎研究稍多於應用研發的態勢。透過課程安排讓技術人員了解智慧財產及「企業家精神」的重要性，讓在學學生及研究人員了解到創業的困難。研究的教授可以自行創業，但不會失去原來的教職。除了本身對技術的了解之外，還有比利時對其學術尊重的傳統，有利教授創業時人才的吸引及資金的募集。

蘇黎世理工大學技術移轉中心

蘇黎世理工大學（ETH）創立於一八五四年，是瑞士政府在蘇黎世開辦的理工學校，一九六九年成為瑞士僅有的國家級大學。ETH分成十七個系，每個系都具有完備的研究和教學能力，其本身包括八十三個學院和實驗室、三百三十位教授和大約八百四十位身兼教學及研究的人員，超過七千五百名職員，以支援教學、研究和管理為主要工作內容，共有一萬一千七百名學生。

在基礎的研究活動中，ETH提供最先進的知識課程，並使專門的科學符合人性、環境和文化的需要。在研究、教學與產學發展的關係上，主要是透過其技術移轉中心來進行。

蘇黎世大學的技術移轉中心（ETH transfer）是私人企業和研究機構之間的橋樑，主要在支持研究結果的利用、智慧資產的保護、新公司建立的基礎，以及私人企業的合作，並為私人公司提供接觸研發團隊及衍生公司的機會。ETH技術移轉中心的運作方式包括：

一、智慧財產權的歸屬

在ETH技術移轉中心，專利的產權通常屬於蘇黎世理工大學，該校目前擁有七百九十個專利，收取的權利金如下分配：三分之一給發明者、三分之一給學院、三分之一給ETH大學。經由授權、銷售、衍生（或合作）等方式可將學校的智財商品化，因為ETH擁有IP，受到法律的保護，故在商場上能獲得較佳的位置。

對於特殊的專利，如醫藥，ETH技術移轉中心採取獨家授權，但被授權的企業必須符合ETH技術移轉中心每個里程碑的目標，否則會被取回專利。

二、產學合作

蘇黎世大學技術移轉中心對私人企業之間的聯繫相當有經驗，其中包括銷售和專利專家、公司所有者。蘇黎世大學技術移轉中心為研究單位和企業間的橋樑，企業與學校的合作活動有以下幾種方式：

- 企業如果能提供資金，可以當作研究計畫的發起人。
- 企業給予學校一筆資金，學校會固定通知企業相關的研發計畫，讓企業加入，稱為「共同研究」（consortia）。
- 在學校與企業的共同研究上，企業給予博士生獎助或博士後研究。
- 企業可以經過學校取得專利。

三、衍生公司

其職責在強化新公司發展的基礎設施，以支援主要來自於大學研究單位創立的新公司。蘇黎世大學技術移轉中心針對制定商業計畫、財務、合法形式和勞動法律問題方面，對年輕公司團隊提供建議，且與各種課題上的專家密切聯繫。瑞士的麥肯錫並與ETH合辦 Swiss National Venture 2000 事業計畫競賽，讓參賽者從競賽中了解企業創立的流程。

新公司成立的頭兩年，為了降低衍生公司的成本，在某些情形他們使用ETH的基礎建設（房間、設備、人員），可以部分或全部以股票來抵付。典型ETH的衍生公司和蘇黎世大學技術移轉中心的技術移轉專家會固定舉辦研討會，主要是強調經驗的交流、網絡的建立，以及蘇黎世大學技術移轉中心間的資訊提供，並經常邀請成功創業家現身說法。由於新創公司初期可能沒有足夠的資金購買專利，蘇黎世大學技術移轉中心准許該公司先行使用、不收費，待其獲得利潤後再將權利金償還即可，在ETH中，許多博士學生採取此方式創業。如果教授願意創業，可以一個星期有一天到公司處理業務，這樣既可創業亦可保留教職。

與公眾和私人企業聯繫互動，對科學家越來越重要。蘇黎世大學技術移轉中心能夠提供以下服務：(一)出版品服務：可支援出版物的編輯，設置中間人接觸。(二)平面設計：設計小冊子、簡報和告示時的援助。(三)共同網頁：網站的設計與編排。另外，有一個相連的機構：ETH新創公司聯盟（KTI-start-up），兩者一起相互將技術知識傳遞。

目前權利金的收入足以負擔兩名中心成員的費用，如何讓發明人或研發單位的人員願意將技術提供出來，是相當重要的課題。且權利金如何分配，對教授、研發人員也是相當重要的，採取獨家授權的方式較能掌握企業對此專利的使用。自一九八七年後，大約有一百三十家衍生公司成立且至今還存活著，也有許多教授在這些公司擔任董事。

對台灣的啓示與省思

國內技轉中心與育成中心是分開的，是否可以仿照ETH技轉中心或魯汶大學研究與發展體系的方式，將兩者整合在一起，共同運作，因為二者有太多相關之處。國內目前技術移轉中心，其內部的成員大多數是由教授所兼任，因為技術移轉是相當繁複的工作，需要有專職的人員全心全意投入技術移轉，如果以公務人員的心態則不容易有創新及創業的精神。

在ETH技術移轉中心，成員大多具有理工及實務背景，而我國在技術移轉中心的人多半不具實務背景，故無法了解此技術是否具有市場潛力；也因為沒有實務經驗，許多公司實際的問題無法解決。目前我國此類人才十分缺乏，亟需從教育方面著手，培養此類跨領域的人才，甚至招攬業界願意從事此工作的人才。

（原篇名〈比利時與瑞士的大學技術移轉與創新育成〉，載於《創新創業育成》，2002）

萊茵生技河谷與區域創新

德國魯爾區這樣一個曾經傲視全球的黑鄉，透過「區域重建」，多家煤鋼工廠被保留下來，成為博物館、音樂廳、文化廣場、餐廳、公園，讓後世子孫與祖先能保有共同的記憶。

二〇〇二年科管所第六次來到歐洲。西歐的政經重心半數是環繞著萊茵河及其支流。我們從其出海的荷蘭逆流而上，由德國梅因茲、海德堡、法國史特拉斯堡到瑞士巴賽爾，這整個萊茵河上游的河谷平原，人稱「萊茵生技河谷」（Rhein Bio Valley）。萊茵流域的傳奇有太多值得我們挖掘，有些是歷史留下來的啟示，有些則是當代的努力與反省所創造出來的成果，這些人與事都是活生生的課本。

荷蘭萊登及德國海德堡的生物科技園區各是荷、德的第一名。萊登因其深厚的基礎科學研究及醫學中心，在傳統工業沒落後的八〇年代中期就有計畫轉型發展生技園區，由於萊登市的交通便利，位於阿姆斯特丹及鹿特丹之間，離國際機場近，更靠近海牙國際學校，對外籍研究人員之子女教育無慮。海德堡生技園區的崛起則是本世紀末的事，在德國政府於一九九八年舉辦的「BioRegion」獎勵中，海德堡從十七個地區中脫穎而出，與慕尼黑及科隆同為獲獎的三個園區。以海德堡大學的科學基地，加上當地的「癌症研究中心」，靈活的園區管理當局陸續擴建，近來又獲得新創生技公司之家數高居德國第一的佳績。

受寵若驚的城市行銷招待

拜訪萊登大學的過程充滿驚奇，一整天的行程在「萊登的一日」由大學校長、市副議長、管院院長、投資局、育成中心、生技園區、技轉公司、自然科學博物館等，各負責人精要簡報，保留大部分時間在提問與討論上。中午在教授俱樂部，晚上在美術館改裝的餐廳享用精緻的餐飲，四部加長型賓士的接送，讓師生一行受寵若驚，也能充分體驗有五百年歷史的萊登，同時展現的古典美與科技潛力，這十一萬人的「大學小鎮」展現了一次成功的「城市行銷」。

布魯塞爾歐盟「科研執委會」的「科技預警及社經政策組」有七位專家分別為我們簡報，開拓了我們對科技政策的涵蓋面及科技政策的非科技面，歐洲人是如何在著力思考未來、辯論未來及形塑未來，以及歐盟擴大後各國的差距如何拉近。對較急功近利，事事講究經濟與競爭力的台灣是一種反思。當然，里斯本宣言在二〇一〇年欲將歐盟整體的研發經費提高到GDP的三・〇％，也是此次在歐洲各處談論的重點。

意外地進入史特拉斯堡「歐盟議會」旁聽正在進行的議程，讓我們見識到其平等多重語言即時翻譯的專業，十一種官方語言，多過聯合國的六種。才建好四年、非常現代化的歐洲議會大樓，比紐約聯合國總部的格局還要氣派，台灣大概還沒有很多人有機會一窺其堂奧。

中立國家博覽會的意義

此外，為了解「博覽會」的政經功能，荷蘭十年一度的「芙蘿莉亞園藝展」

及瑞士三十多年來的Expo.02國家博覽會，也是二〇〇二年參訪的重點。歐洲的人文除了有形的教堂、城堡、歷史建築物外，還能表現在哪裡？此次Expo.02的主題可是表現無疑，集「人文與科技的省思」與「創新的聚寶盆」為一體。瑞士人在每一個「世代」都要辦一次博覽會，來呈現此一世代的成就與思維。一反過去直接展現（hard sell）最新的科技實力，今年的主題有四個：「瞬間與永恆」、「權利與自由」、「自然與人工」、「我們與宇宙」，代表了在世紀交替之際，瑞士人的反省與矛盾，該堅持中立，還是加入歐盟？國民所得已達頂峰，再下去要追求什麼？

瑞士博覽會在四個美麗小城的湖邊舉行，各有八到十個展館來表現其主題，每個展館從其主題概念的構思、建築形式及材料的創新、影視音響的應用、文案內容的鋪陳，無不爭奇鬥智，有太多的創新點子可以參考，難怪文建會、經建會的主管都已前往觀摩學習，對要推動創意生活的台灣是很好的借鏡。該博覽會籌備八年、歷經許多波折與辯論才得以展出。半年後就要拆除的這次活動，用這麼多納稅人的錢來進行此一全國性的大省思、大溝通，值不值得（整個展覽以德、法、義語為主，很少英文資料）？據同學們在現場請教許多瑞士的參訪者，都覺得還不錯！

在十八天的時間，我們拜訪了萊登、馬斯垂克、魯汶、波鴻、杜得蒙、海德堡、卡爾斯魯、巴賽爾、蘇黎世理工、洛桑管理學院等十所名校的「技轉及育成中心」或「科學園區」，從這些學校近年來在知識移轉、產學合作、校創企業方面的努力，印證了科管所研究教學的方向是正確的，也慶幸我們能與世界前沿的同儕們是同步的。

登堂入室科研最前線

在企業方面，我們參訪了安荷芬飛利浦研究中心，六年前也參訪過飛利浦照明研究單位，此次是參訪其技術研究中心，了解其技術策略、營運策略及智財權的經營。蘇黎世IBM研究中心是IBM重要的技術泉源之一，選在風光明媚的蘇黎世，可吸引世界一流的人才在此專心工作，透過簡報了解其技術展望與產業解決方案，及實驗室的運作。巴賽爾的羅氏藥品研究中心，專精診斷的研究，從精緻的午餐至下午六時的討論欲罷不能，讓我們了解一流的生技公司如何透過技術的策略及執行，強化其核心競爭力。

德國魯爾區的「區域重建」更是令大家開了眼界，此一五百多萬人的「煤鐵黑鄉」從戰後設立波鴻及杜得蒙等大學開始，為下一知識經濟世代的人才做準備。當工業由煤鐵轉向電子資訊及生技能源環保之際，這樣一個曾經傲視全球的黑鄉如何轉型，多家煤鋼工廠如何被保留下來，成為博物館、音樂廳、文化廣場、餐廳、公園，讓後世子孫與祖先能保有共同的記憶。而新建的科學園區也與當地社區融合在一起，成為社區的中心，且因專做研發，不會對當地交通或居民造成困擾，這些強調「社區承載」加上創新運用在地資源的案例，非常值得台灣參考。

近三週豐碩的人文與科技饗宴，讓大家又累又喜，比利時魯汶大學的創新與育成中心經理，在了解我們歐洲行程之緊密，打趣地說「對知識的貪婪也無可厚非」。

（原篇名〈「歐遊見聞」生技區域創新 萊茵河谷放異采〉，載於《工商時報》，2002.10）

歐洲矽谷——蘇格蘭的產業群聚

蘇格蘭為促進產業升級及轉型，展開「全球互聯策略」，在實體環境上塑造出吸引高素質人力生活及工作的環境，在軟體上則建立技術及資訊交流的平台。整合了「人才」、「資訊」及「技術」，自然也就會進一步吸引到資金。

自從一九九八年第一次隨科管所到蘇格蘭參訪後，有許多機會注意到這個地區獨特的發展。蘇格蘭矽谷（Silicon Glen），有人稱之為「歐洲矽谷」，所指的是沿著蘇格蘭平原成長的科技產業群聚區，總長約為七十英里，寬約三十英里的帶狀區域，從蘇格蘭西南方的艾爾（Ayr）開始，穿過格拉斯哥（Glasgow）與愛丁堡（Edinburgh），延伸到東北方的鄧迪（Dundee）。該地區的產業原為重工業，包括造船業、鋼鐵業、煤礦業等，而從一九五〇、一九六〇年代開始，IBM、

Motorola、National Semiconductor 等高科技產業設廠於該地區，逐漸取代了重工業，使得當地如同美國的矽谷一般，成為高科技產業密集群聚區域。

此區域的發展起先是由高科技廠商的自然聚集，接下來政府才著手規劃開發，因此蘇格蘭矽谷實際的成立時間較難具體推估。現在一般以一九八一年成立「蘇格蘭投資局」（Located in Scotland, LIS）為開始，它是英國第一個負責海外投資的服務機構單一窗口，乃歐洲地區唯一負責全套投資事業的發展機構，並藉著半官方機構的特性，充分擁有政府的資源、企業的彈性組織與來自產業的人才，目前在北美、亞洲和歐洲共設有十五個辦事處。

結合民間力量打造歐洲矽谷

一九九一年四月一日開始運作的另外一個半官方機構「蘇格蘭工商委員會」（Scottish Enterprise），亦為一個推動蘇格蘭經濟的機構。由民間企業出資，在議會的授權下，結合政府與民間的力量，全力推動蘇格蘭的經濟，包括吸引外資、對外出口、人才培訓、獎勵創業、發展關鍵產業等。

目前蘇格蘭矽谷共聚集了五百多家國際性電子公司，供應全歐洲超過五〇％的筆記型電腦，歐洲三五％的自有品牌電腦、六〇％的工作站、以及六五％的自動櫃員機出自於蘇格蘭，全球重要的資訊業者都在當地設立據點。在蘇格蘭矽谷裡的半導體製造廠雇用了七千三百多名員工，佔了歐洲總產能的一五％、英國總產能的五〇％以上。

在歐洲，蘇格蘭也是最多半導體製造公司聚集的地區，在此設廠的公司包括了NEC、Motorola、國家半導體、及 Raytheon System 等公司。此外，世界前十大通訊設備製造商中，已經有 Alcatel、NEC、Motorola 三家在此設廠。根據蘇格蘭國際發展局的資料顯示，即使是在全球科技業不景氣的千禧年，從二〇〇〇年四月到二〇〇一年三月期間，蘇格蘭依然吸引來自世界各地一百零二件的投資案，創造超過一萬四千個工作，投資金額約一七・六三億英鎊（約八四六・二四億台幣）；而原先在二〇〇四年要將專業生技公司數增加到一百家的目標，二〇〇一年中即已有八十家，生技相關供應商更達一百七十三家，超過原來一百二十家的目標；在光電業也有好的表現，一九九八年的產業約五億英鎊（約二百五十億台幣），且以九八％的盈餘成長率在成長。這些產業多是剛成立的中小企業，著重技術提升與研發，有不少與當地的大學光電中心進行合作研究。

善用當地資源，吸引外商投資

自一九九〇年代起，蘇格蘭便試圖以產業群聚策略來帶動當地經濟的轉型，其主要工作目標，一方面是協助既有企業更有競爭力，再者便是引吸外資及鼓勵企業來此創業。投資發展局為了方便投資者，設立單一窗口的服務，解決廠商所需要的土地、廠辦，甚至投資者家庭居住問題，並提供實質上的優惠。在補助區域的投資均可取得土地優惠，新建商業及工業建築也可於第一年全額報稅，而不用分二十五年來分攤申報。

蘇格蘭為何能吸引這麼多廠商進入，首先是其高素質人力，蘇格蘭當地有十三所大學、九所專業教育機構、及四十六所高等學院，其中有超過七百名的電子領域相關人員，其中近三分之一是研究人員，所研究的領域與主題相當廣泛，尤其注重人工智慧、光電與VLIS（Very large scale integration）的研究。以半導體為主的研究主要是由鄧迪、愛丁堡、格拉斯哥、赫瑞瓦特（Heriot-Watt）與聖安德魯斯（St. Andrews）等大學進行。像位於愛丁堡的 Edinburgh Microfabrication Facility，就有提供半導體業界特定的訓練課程，如晶圓製造技術、電漿處理等，所有主要的英國半導體製造商都曾加以利用。此外，許多高等學府都積極與廠商及政府合作，推動當地半導體的發展，並為此成立了許多專業研究機構，如微電子影像及分析中心、Wolfson 微電子、國家微電子機構等，其中 Wolfson 微電子是從大學的研發計畫所衍生出來的公司。

蘇格蘭工商委員會為了吸引世界各地的投資，推出「蘇格蘭單晶片系統中心」（Alba Center）。此中心位於李文斯頓蘇格蘭最大且最成功的商業區 Kirkton Campus，大約在愛丁堡以西十五英里以及格拉斯哥以東三十五英里蘇格蘭矽谷的心臟地帶。其主要業務是晶片系統整合科技的設計及研發方面，和產業及學術界均有合作關係，學術界主要是與愛丁堡、赫瑞瓦特、斯克萊德（Strathclyde）和格拉斯哥四所蘇格蘭最頂尖的大學。此外，它與蘇格蘭以及國外的民間機構也有合作關係。工商委員會利用單晶片中心又推行許多計畫，在技術上推動嵌入式軟體的發展及矽智財的網上交易，促進智慧財產權的流動；在供應商的整合方面，成立了半導體供應商公會；在市場資訊結合方面，對外是吸引關鍵性的人才及企業，加速蘇格蘭產品與技術的成長，對內則是強化企業之間的網路，並且讓產品開發與本地市場機會結合。

蘇格蘭促進產業升級及轉型的作法，在二〇〇一年底開始進入另一階段，展開了所謂的「全球互聯策略」（Global Connection Strategy）。包括了「數位化聯線」、「積極投入產品市場」、「成為全球最具吸引力的投資地點」、「更多人選擇在蘇格蘭工作及生活」等策略。從具體的工作內容來看，在實體環境上要塑造出吸引高素質人力生活及工作的環境；在軟體上，則建立技術及資訊交流的平台。整合了「人才」、「資訊」及「技術」，自然也就會進一步吸引到資金。

目前依附在全球互聯策略下的工作項目，如國際發展局（Scottish Development International, SDI）主要是吸引高知識領域的直接投資，開發新科技與產品的使用授權，為海外創投尋找有成長潛力的投資商機，並且透過合作關係來開發新市場、科技與產品，讓全世界更容易接觸到蘇格蘭學術界的創意與科技成就，進一步擴大蘇格蘭研發成果在海外的應用。

從蘇格蘭矽谷的經驗，我們可以看到關於塑造良善的投資及創業環境的幾個明顯趨勢。第一，必須有效的利用當地的各種資源，在軟體上，當地所累積的高素質人力及長期的研發能量，透過適當的平台可以釋放出來；在硬體上，當地具有較好的居住環境，對吸引高素質人力也具有相當的優勢。第二，在後期工作重點來看，發展的重點是在提供聯結，而不完全是提供資源。

育成中心提供良好聯繫網絡

育成中心的定位在於提供一個適合新創公司成長的環境，在經營上要考慮兩點，一是本身的資源基礎，二是所能提供的聯結網絡。在資源基礎上，必須考慮所能接觸到的資源，地理上的接近性為考量之一。而與其之間是否有良好的溝通管道，則是育成經理人要去創造的。接著再以此基礎提供進駐廠商一個完整的聯結網絡。從蘇格蘭的例子來看，國際發展局從事的是協助知識的交換，進而吸引各國廠商，若只靠個別育成中心的經驗，沒有任何一家育成中心可以單獨提供廠商所需要的資源，因此重要的是鄰近相關產業的聯結體系。

在蘇格蘭的作法，就是以其學研較先進的技術吸引旗艦廠商的進入，因為對先進技術存在著需求，而且這些旗艦公司在當地也會間接創造出一些新的創業機會，讓小公司得以成長。除了技術與資訊的連結之外，蘇格蘭亦協助企業取得來自歐洲的貸款及創投資金。對於新創事業來講，能夠提供對外的網絡聯結，特別是企業間的網絡聯結，對企業後期的發展將會比初期所提供的資源來得重要。台灣最近積極推動創新研發中心，吸引國外著名廠商來台設置研發機構，都是對的方向，唯對周邊生活品質與條件、人力素質，以及產業連結、平台的建構上，我們有沒有做得比蘇格蘭好？

（原篇名〈歐洲矽谷如何塑造新創事業成長環境——以產業群聚策略帶動產業轉型〉，載於《創新創業育成》，2002.08）

行動教室的意義建構

在時間軸上，參訪的標的跨越過去、現在與未來；在空間上，從私營的企業建築、博物館、建築群、城市到區域。這樣的時空範疇以及從科技到人文的幅度，雖然很廣，但整個軸線都環繞在與「創新」有關的體驗與學習。

二〇〇六年暑假遊學已是科管所第八次來歐洲了，雖然有些城市與景點重複，但每次都還是有些新的景點，如：德國杜塞道夫媒體港、巴登巴登、比利時布魯日。參訪的企業單位則全是新的，從香檳酒莊、巴卡拉水晶、L'Oréal總公司、飛利浦設計中心、BENQ歐洲總部，UTI物流公司、ING綠色建築與ING House。

十年前出國，尤其到歐洲，還是比較稀罕的經驗，但今天的研究生入學前已去過歐洲的大有人在，為何還要每年大費周章，師生一起出遊？這年同學們帶了一個紅色布條「寫曆史，Make Sense」，每到一個景點，就拉開拍團體照（在歐洲會議的中庭被禁止）。這只是時髦的口號，還是給自己的期許？除了傳承學長姊的「遊中學」，歷屆的同學到底寫了什麼歷史？建構了哪些意義？

善於旅行規劃到可以帶團

這次是歷年來學生參與行程規劃最深，與聯絡參訪單位最多的一次，包括許多在台灣只有少數人能參訪到的企業現場，如 L'Oréal、ING House、飛利浦設計等。事後檢討這些機構都是因為他們曾經有人在台灣工作過，對台灣與政大還是有一些認識，因而在最後一刻被同學的熱情與堅持感動，促成此次的訪談。能真正深入企業堂奧，聽到他們很認真準備的簡報，招待的規格也讓大家受寵若驚。同學們不僅開拓了國際視野，也能體會歷史是人創造出來的。

二〇〇六年遊歷的景點包括：較具歷史人文內涵的海德堡，巴登巴登溫泉度假區，保留相當完整的中世紀古城布魯日；也有傳統中帶創新的史特拉斯堡，在小鎮中有設計時髦的歐洲議會、加上有貫穿在舊城小市區間的流線型電車；社區更新的參訪則有從廢礦區重建成景觀公園的魯爾區，類似建築大展新興辦公樓群的巴黎新凱旋門，將舊河港改造成創新媒體園區的杜塞道夫，在碼頭區有四、五十棟爭奇鬥豔的建築。

在巴黎我們也參訪了駐法代表處，它座落在一棟有二百五十年歷史的市定古蹟建築。駐法代表為我們介紹這座非貴族的商人私宅，當時的空間安排及生活脈絡、背景十分有趣。在美學的饗宴方面則參觀了收藏十八世紀以前藝術品的羅浮宮、十九世紀的奧塞，以及二十世紀現代藝術的龐畢度。另外，還有生醫先驅巴斯德住家紀念館；此次也拜訪了巴黎高等科技管理學院及鹿特丹管理學院，兩所學校都很希望跟政大與科管所交流合作。

企業方面，我們在飛利浦的設計中心，聽取其「次世代簡潔」（Next Simplicity）的設計理念；在BENQ歐洲總部，李總經理親自為我們簡報二〇〇四年BENQ進入歐洲市場，充滿創意的六大事件行銷；UTI物流公司則強調其「無資產」的經營模式；有幸同一天參觀ING的「綠色建築」，了解其八〇年代初空間設計的環保精神，以及「透明船造型」的ING金控總部，學習其外觀設計的理念和跨國公司總部內部空間的配置及運用；在美麗產業 L'Oréal 總部，為我們介紹開發「中國口紅」的產品及行銷計畫。

海外創新之旅影響了就業動向

在意義建構上，參訪的企業橫跨了高科技的研發設計、物流、環保綠色建築到化妝品的產品開發。在時間軸上，涉獵的標的跨越過去、現在與未來；在空間上，從私營的企業建築、博物館、建築群、城市到區域。這樣的時空範疇以及從科技到人文的幅度，雖然很廣，但整個軸線都環繞在與「創新」有關的體驗與學習，還可交叉比對，讓學習更為深刻。

此次另一個美麗的巧合是，我們的行程和二〇〇六年世界盃在歐洲各城市足球賽的時間重疊，可以近身體驗體育賽事的經濟與社會脈動。雖沒親赴球場，但從法蘭克福下飛機就充分感受到世足的氣氛與威力，在機場出口處有一真人大小的各國球星人像，讓旅客可與他們一起拍照留念。各個城市販賣的周邊商品滿目琳瑯，每人少說也花二十歐元在相關的紀念品上。因幾乎每天都有賽事，晚餐中、晚餐後，在旅館裡，只要有人群的地方就會有轉播，和歐洲人一起看即時轉播，賽後獲勝國家的遊街慶祝狂歡，也多了一些現場感。同學們很珍惜師生一起看球的時刻，決賽即是在萊茵河畔去過多次的胖媽媽豬腳餐廳特別提早吃完，賽後的評論與各國民眾的情緒反應，也成為此行中的另一熱門的話題。

每年「遊中學」的經驗是各屆碩士班同學獨一無二的共同回憶，從異國文化及創新事物中學習「建構意義」，可能是使科管所同學與其他MBA差異化的基因吧！

（原篇名〈行動教室〉，載於《經濟日報》，2006）

右上：科管所的歐洲創新之旅有很多科研機構都想跟團，2005 年此團有工研院、國科會成員參與。

右下：年輕時代的壯遊，增廣其視野和經驗。2006 年在史特拉斯堡小鎮，除了歐洲議會、流線型的輕軌電車，還有中世紀保留下來的建築和村落。

左上：在德法邊境的歐盟議會總部——史特拉斯堡。

左下：一樣參觀羅浮宮、奧塞美術館，但因行程的脈絡不同，年輕人的意會也不同。此行程主要是同學們自己規劃、聯絡參訪單位，如飛利浦、L’Oréal、ING、BENQ、杜塞道夫媒體港等。

2007 年參訪在矽谷的 Google 總部，中午在他們的食堂用餐，有多國料理可以選擇。
當天天氣很好，同學們選擇到中庭來用餐。

LIVING
TOMORROW
Where visions meet
hp
invent
logicaCMG

右上：飛利浦總部所在的安荷芬是科技創新與設計的城市，科技公司如 HP 也在此設有「明日生活實驗室」。

右下：ING 總部非常前衛的造型，像條船，也有人說像鞋子。除了一般行政單位，還有其開董事會的會議室、酒吧等不同的空間設計。

左上：ING 阿姆斯特丹總部大樓內的牆面裝置。

左下：阿姆斯特丹地標之一，ING 總部創意的造型建築，在地面樓層就能感受到其氣勢。

上：海德堡是古老城市、古老大學，但也有最創新的生技園區，建構在其醫學院基礎及地方政府積極推動新興產業的成果。

下：哥本哈根科技大學未來研究中心，2005 年時未來樂園正在規劃中的中心辦公室，有動畫角色模型以及創意產品點綴。

右上：達文西（da Vinci）的故居，六百年前他出生、長大的地方被保留下來，整個城鎮也以他的「名」為暱稱——里歐納都（Leonardo's town），而少用他的姓（達文西）。

右下：達文西的許多創作、創新發明留下很多 2D 手稿，在其博物館被製作成 3D 模型，是很有意思的創意再呈現。

左上：在這樣有歷史的小鎮蹓躂，更能體會源遠流長，人類文明的累積，發思古之幽情。鎮上有達文西圖書館、博物館，各國學者專家可以申請來駐館研究。

左中、左下： 2006 年在達文西城「未來中心高峰會」，以中世紀晚宴招待國際人士，且有中古世紀民藝表演助興。

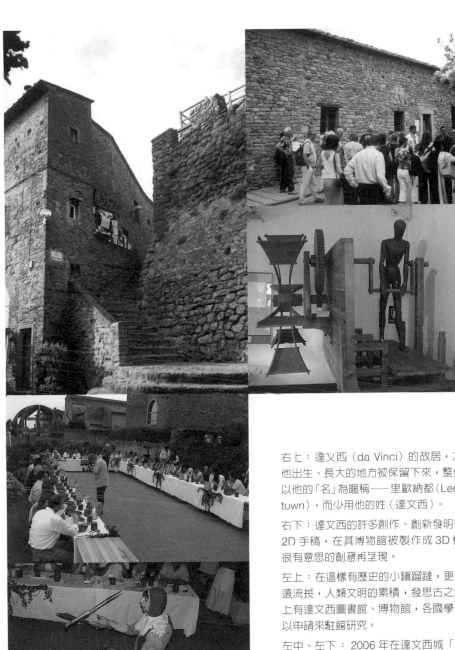

上：柏林 SONY Center 的中庭，周邊有許多影視相關的機構及企業展示。

下：SONY 發展機械人的策略與其他競爭者不同，由寵物機器狗入手，建立愛用者社群，得到較多回饋。

右上：大阪 1970 年萬國博覽會會場，今日成為一個紀念公園，當年的主標誌「浴火鳳凰」的雕塑。

右下：2005 年參訪京都島津製作所，其研究員田中耕一剛獲得諾貝爾化學獎，「源遠流長」是他們深刻追根究柢的傳統。

左上：大阪城內建造過程中所採集到的石頭，很好奇當年如何才能移動這些重量的石頭。

左中：大阪漫畫家手塚治虫紀念館，天花板上是其創作的各種角色所構成的彩繪。

左下：島津製作所是量測儀器的製造商，京都是國都，因此有制訂度量衡的傳統。

【結語】

科泊文：從科技到人文創新

九〇年代台灣科技產業起飛的主要舵手孫運璿，晚年曾說較遺憾的是「人文建設」的不足；同樣在八〇年代末，施振榮提出了「台灣科技島」後，沒幾年隨即更正應追求的是「人文科技島」。本書所涵蓋的二十年，與政大科智所的發展，正好呼應與見證這些思潮的轉變。編排上，從最近幾年的「遊中學」開啟體會的篇章，重點在：品味地景及脈絡的人文與創意；接著是目前方興未艾的「體驗」經濟與地方人文觀光；最後才話說從前，回到科智所早期的「科技創新之旅」。

雖然本書主要在反應個人的心旅足跡，但希望利用最後的結語，將想傳達的學習經驗在此做一個較完整的論述。這期間我們拜訪過許多的商管學院，從英國、歐洲大陸、美國東西兩岸到日、韓、大陸。與這些商管教育交流的許多心得已發表在《左派商學院》，就不再重複。科研單位的參訪包括政府、民間企業的實驗室或研究所、產業、創投公協會、政府政策單位，這些機構也有別於一般以「企業總部」參訪為主的商管系所，因此不同的收穫特別多。在不同的篇章中，一些啟發與反思，我想從「科技定錨停泊在人文」（科泊文）這個科智所二十週年慶紀念的主題，以創新的流變來貫穿這個萬里的行蹤。

園區演變的各種形貌

先以各國園區這個「創新場域」的流變開始，台灣新竹科學園區及工研院各於過去四十年在台灣科技產業的發展中扮演了階段性重要的角色，且成為全球公認相當成功的典範，也是這些年我們可以和國外交換經驗的資產。但已開發國家的經濟生產要素已從依賴土地、天然資源、資本以及便宜的勞力轉向「智慧資本」，亦即「技術創新」與「智慧人力」才是競爭力的關鍵所在。能孕育技術創新的場域，除了各企業的研發部門、國家實驗室、研發法人及學術機構外，在

「制度面」還需要許多互補配套的機制與佈建，未來導向的智慧園區、創新育成中心等的開發與營運即是其中一個重要的機制。

面對未來科技的動態變遷，及全球產業結構版圖快速地更替，台灣競爭力的卡位與提升，技術創新場域的開發方式與策略，都需要有新的思考與方向。我們從過去參訪的累積有許多啟發，一九九七年到北歐 Innopolis、IDEON 及哥龍堡生態等園區，發現其科技創新實力令人刮目相看。國民所得中研發投入所得比率最高的瑞典，在其吸引投資的指南中，特別強調在瑞典的多國籍公司中有八〇％設有研發機能，在ＯＥＣＤ國家中這比率是最高的，彰顯其境內科技資源之豐富。

都會區內的土地利用朝向「智慧化」也是趨勢，例如在日本京都市內ＫＲＰ（Kansai Research Park, 1997-2014）將舊的大瓦斯槽，神奈川的ＫＳＰ（Kanagawa Science Park, 1999）也是將舊的工廠用地，改建成「創新育成園區」，而不是更多的消費性賣場或其他工商用途。歐洲的魯爾區、杜塞道夫、利物浦、伯明罕、曼徹斯特等早期工業鼎盛的城市，在上世紀末逐漸轉化為人文、創意、服務或其他新興產業的城市新面貌，這是一個重要的創新線索。

一九九八年，參訪了比新竹科學園區早幾年開發的法國南部的蘇菲亞園區（Sophia Antipolis，Sophia 是智慧，Antipolis 是反城市）。該園區採低密度開發，在三分之一的建地中只容許三〇%的建蔽率，其餘保留成為綠地。蘇菲亞園區佔地二千三百公頃，面積約新竹科學園區的四倍，共有一千一百多家公司，新竹科學園區雖只有二百六十家公司，最高峰卻雇用了超過十萬人。在蘇菲亞園區就業的一萬九千多人中，也有約四〇%的「外勞」，不過多從事科技研發、運用腦力的知識工作者。新竹科學園區目前的六萬五千人，雖然碩、博士比率比區外高出很多，但仍有許多外勞負擔了很大比率的生產工作。製造產值，仍然一直是我們園區的重要績效指標之一，但我們已經到了必須從製造優勢（Perspiration）提升到研發創新優勢（Inspira-tion），才能維持台灣競爭力。

以成立於一九九一年的英國牛津科學園區（Oxford Science Park）為例，它比劍橋園區足足晚了二十年。二〇〇〇年時牛津地區已有七百家高科技廠商，二萬六千多名員工，僅次於劍橋地區的一千家與三萬名員工。十多年前 SHARP 歐洲實驗室考慮了二、三十個地點後，選擇牛津科學園區作為基地。周邊充足的田園空間、高生活品質、進步的通訊設施、交通便利等有利人及技術流通，很容易找得到一流人才參與其研究，即是其主要的考慮因素。

以知識創新研發機能為主的產業，租稅的獎勵不如能接近與取得知識及人才庫。過去，牛津大學的研究者比較保守，並不注重其研究成果的商品價值與市場機會。二十年前成立智財權及技術移轉辦公室（ISIS），才開始比較積極地鼓勵學者將技術商品化，以及教授出來創業的風氣。學校、移轉辦公室、園區研究人員、創業者、創投基金之間，有很多的互動機會，因而吸引了很多高科技公司的進駐。

類似的場景也呈現在二〇〇二年參訪的萊茵生技河谷，包括荷蘭萊登生技園區、德國海德堡生技園區等，也看到歐盟在催生此一新興產業時，大學和地方政府合作吸引了新的技術、資金及人才，為下一代的經濟和就業而努力。

隨著全球運籌管理、先接單後生產的架構，資訊產業的戰線逐漸移至海外，要彌補台灣可能的空洞化，及在昂貴的土地上從事更有價值的工作，提供較優的生活品質，加快整體「國家創新系統」的建立，正是當年政府及民間人士提出「亞太研發中心」的想法，可惜缺了一些要素，無法真正落實。

硬體到軟體，有形到無形

鼓勵「創新」的政策，和過去以吸引國內外廠商「投資」、「製造」的園區邏輯顯然是不相同的。未來智慧創新園區的創設，要更重視「無形」的技術開發與智慧財產的價值發揮，而非一味追求「產能」、「效率」、「成本」的思維。如何做少一點（work smart），但得到的更多（less is more），多用腦力、智慧，少用體力、物質、能源，如此才能在經濟發展的同時將生態環境及生活品質變好，也才是未來我們應該追求的目標。

早在一九九八年我們就到米蘭兩家設計師事務所參訪，一九九九年的柏林科技大學產品中心，二〇〇六年飛利浦設計研發中心，二〇〇九年服務設計 Engine 事務所、設計協會及設計博物館，科智所對「設計」的興趣自有其脈絡。二〇〇五年起，有意識地參訪北歐芬蘭、瑞典、丹麥及德國未來研究中心，二〇〇六年參加義大利達文西未來中心高峰會，二〇〇九年參加荷蘭阿姆斯特丹 PICNIC，都是配合「未來想像」、「未來發生堂」的推動，可惜台灣人太務實了，大家較沒有興趣探討未來太遠的事務。

二〇〇九年全力規劃第一次全程的文創之旅，拜訪倫敦、牛津、利物浦，二〇一〇年自己到曼城，對英國文化遺產的維護與再創造印象深刻；二〇一三年帶EMBA「文創科技與資通創新組」到曼谷，及二〇一四年到京都的文創考察教學相長，對泰國驚豔（Amazing）及日本侘寂（Wabisabi）的體驗，除了摸索出文創行程的安排，也發現了創意的發揮在文化藝術與科學技術其實有相通之處。

從各國在人文創新上的努力回頭看國內，近年來各界也很重視文創產業的發展，但出台的政策工具還是製造業「群聚」的思維，鼓勵設立文創園區。其實過去成功的「科技創新系統」，從基礎研究、應用研究、智財的移轉等政策及措施有其侷限。文創產業或未來智慧生活產業的發展，需要的是「人文創新系統」，人文創新從「未來想像」、「快速成型」、「展演示範」、「服務系統測試」、「營運模式驗證」，都是過去創新系統沒有涵蓋的，我們應該謙虛承認，很多新經濟的衡量指標尚待建立。

這二十年回顧起來正好是台灣高科技產業逐步登上高峰，包括通過國家科技基本法、廣設育成中心、技轉辦公室、到製造業外移；另一方面國內經歷政黨輪替，從社區總體營造，到服務業及文創產業的綱領出台。我們有幸恭逢這些議題的生成、促進及影響評估，在個人的學術生涯中添增了不少生氣與色彩，經過這次的回顧也了解到個人及組織在創新的長河裡，各種點滴的創意需要多少時間的積累，才有機會凝聚成就出什麼。希望透過這本書的整理和意會，可將點滴分享給讀者。

國家圖書館出版品預行編目（CIP）資料

十年百城・千卷萬里——城市觀察的創新筆記 /
溫肇東著. -- 初版. -- 臺北市：遠流, 2015.12
面； 公分
ISBN 978-957-32-7757-6（平裝）

1. 都市社會學 2. 創意 3. 文化產業

545.1015 104026073

十年百城・千卷萬里

城市觀察的創新筆記

作者：溫肇東
總策劃：國立政治大學創新與創造力研究中心
統籌：溫肇東、劉吉軒
主編：曾淑正
企劃：叢昌瑜

發行人：王榮文
出版發行：遠流出版事業股份有限公司
地址：台北市南昌路二段 81 號 6 樓
劃撥帳號：0189456-1
電話：（02）23926899
傳真：（02）23926658

著作權顧問：蕭雄淋律師
2015 年 12 月 初版一刷
售價：新台幣 380 元

ISBN 978-957-32-7757-6 （平裝）
GPN 1010402826

YLib 遠流博識網 http://www.ylib.com
E-mail: ylib@ylib.com

本書為教育部補助國立政治大學邁向頂尖大學計畫成果，
著作財產權歸國立政治大學所有